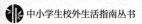
中小学生校外生活指南丛书

中小学生校外读书活动指南

本书编写组◎编

ZHONGXIAOXUESHENG
XIAOWAI SHENGHUO
ZHINAN CONGSHU

ZHONGXIAOXUESHENG XIAOWAI
DUSHU HUODONG ZHINAN

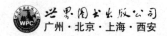
世界图书出版公司
广州·北京·上海·西安

图书在版编目（CIP）数据

中小学生校外读书活动指南／《中小学生校外读书
活动指南》编写组编．—广州：广东世界图书出版公司，
2010.10（2024.2 重印）

ISBN 978－7－5100－2828－1

Ⅰ．①中… Ⅱ．①中… Ⅲ．①中小学－读书活动－指
南 Ⅳ．①G252.17－62

中国版本图书馆 CIP 数据核字（2010）第 196641 号

书　　名	中小学生校外读书活动指南	
	ZHONGXIAOXUESHENG XIAOWAI DUSHU HUODONG ZHINAN	
编　　者	《中小学生校外读书活动指南》编写组	
责任编辑	冯彦庄	
装帧设计	三棵树设计工作组	
出版发行	世界图书出版有限公司　世界图书出版广东有限公司	
地　　址	广州市海珠区新港西路大江冲 25 号	
邮　　编	510300	
电　　话	020-84452179	
网　　址	http://www.gdst.com.cn	
邮　　箱	wpc_gdst@163.com	
经　　销	新华书店	
印　　刷	唐山富达印务有限公司	
开　　本	787mm×1092mm　1/16	
印　　张	10	
字　　数	120 千字	
版　　次	2010 年 10 月第 1 版　2024 年 2 月第 11 次印刷	
国际书号	ISBN　978-7-5100-2828-1	
定　　价	48.00 元	

前　言

　　培根在《论读书》中说："读书足以怡情，足以博采，足以长才……读史使人明智，读诗使人灵秀，数学使人周密，科学使人深刻，伦理学使人庄重，逻辑修辞之学使人善辩；凡有所学，皆成性格。"由此可见读书是多么重要。

　　古往今来，书籍浩如烟海，在选择何书而读时，往往令人不知所措；尤其是在这个高速发展、急剧变化的时代，人心浮躁、物欲膨胀、资讯发达，影视、网络已经成为一些人主要的精神享受，现在的青少年即便看书，看的也多是一些专业书或考试书，很难得静下心来好好读一本有益的课外书。

　　鉴于此，我们编选了这本书，对于入选的作品有一个基本的标准：艺术性与思想性俱佳，且适合中小学生的阅读口味。旨在让学生在课业之余，接受最好的中外文化的滋养，增长见识，拓展视野，激发想象力，增强思维能力，提高自己的审美情趣和文化修养。在编选书目时，我们特别考虑到中小学生的心理特征、知识水平和阅读兴趣，主要选择中外有影响的优秀作品。

　　在阅读我们推荐的这些作品，特别是经典名著时，希望青少年学生们注意一点：不要囿于作品的主题思想，如果你的脑子里老是盘旋着这些东西，特别是像在课堂上那样剖析解释，这样，你就会失去阅读的兴趣！你首先应该把作品当作一件艺术品来好好欣赏，那些历经几十数百年和经千万人传阅的作品，艺术性都是相当有水准的，品读它们其实就是一次美的旅程。

　　在我们推荐的这些书中，如果有一本能引发你的阅读兴趣，让你获得艺术的享受或人生的启迪，那么就是我们编者的欣慰了。

　　最后提醒一下现在的青少年学生们：课余假期，找个时段，关掉电脑，离开电视，选一处静地，泡一杯香茗，打开一本好书，细细品味，你会有不一样的惊喜和发现，你会获得不一样的感受和体悟……

目　录

中国小说

长篇历史小说的开山之作
　　——《三国演义》 …………… 1
农民起义的教科书
　　——《水浒传》 …………… 3
想象力的狂欢
　　——《西游记》 …………… 5
中国古今第一奇书
　　——《红楼梦》 …………… 7
写妖写鬼高人一筹
　　——《聊斋志异》 …………… 9
中国现代文学的先声
　　——鲁迅小说 …………… 11
中国第一部现代长篇杰作
　　——《子夜》 …………… 13
激流中掀起的尖峰
　　——《家》 …………… 15
动人心魄的牧歌
　　——《边城》 …………… 17
语言的盛宴

　　——《围城》 …………… 19
"袋装书大帝"的传奇
　　——《卫斯理系列》 …………… 22
追随永恒的力作
　　——《草房子》 …………… 24
广受好评的悬念力作
　　——《天眼》 …………… 27

外国小说

批判现实主义开山之作
　　——《红与黑》 …………… 30
浪漫主义的里程碑
　　——《巴黎圣母院》 …………… 32
伟大的批判现实杰作
　　——《欧也妮·葛朗台》 …………… 35
引人入胜的侠士小说
　　——《三个火枪手》 …………… 38
快意恩仇录
　　——《基督山伯爵》 …………… 41
洗涤心灵的一泓净水
　　——《约翰·克利斯朵夫》 … 42

风靡世界的冒险小说
　　——《鲁滨逊漂流记》 ……… 44
流浪汉小说杰作
　　——《匹克威克外传》 ……… 46
女权图腾柱
　　——《简·爱》 ……………… 48
浪漫爱情悲剧
　　——《呼啸山庄》 …………… 51
侦探小说经典
　　——《福尔摩斯探案集》 …… 52
灵魂的救赎
　　——《罪与罚》 ……………… 54
情感与道德的苏醒
　　——《复活》 ………………… 56
影响几代人的励志经典
　　——《钢铁是怎样炼成的》 … 59
幽默大师的儿童小说
　　——《汤姆·索亚历险记》 … 61
敬业、忠诚与勤奋的管理书
　　——《致加西亚的信》 ……… 64
爱情史诗巨著
　　——《飘》 …………………… 65
可以被毁灭不可以被战胜
　　——《老人与海》 …………… 67
青春期读本
　　——《麦田里的守望者》 …… 69
令人哭笑不得的杰作
　　——《堂·吉诃德》 ………… 70
审视人类的灵魂
　　——《生命中不能承受之轻》 … 72
日记体儿童小说
　　——《捣蛋鬼的日记》 ……… 74

中外戏剧

震撼人心的悲剧
　　——《窦娥冤》 ……………… 76
美妙绝伦的爱情史
　　——《西厢记》 ……………… 78
浪漫主义的爱情丰碑
　　——《牡丹亭》 ……………… 80
中国话剧的里程碑
　　——《雷雨》 ………………… 83
借古喻今的历史剧
　　——《屈原》 ………………… 85
话剧史上的典范
　　——《茶馆》 ………………… 87
生存还是毁灭
　　——《哈姆雷特》 …………… 89
幽默与讽刺大师
　　——萧伯纳戏剧 ……………… 91
伟大的问号
　　——《玩偶之家》 …………… 92

名人传记

美国精神读本——
《富兰克林自传》 ……………… 94
震撼人类心灵的传记
　　——《假如给我三天光明》 … 96
"英雄交响曲"
　　——《名人传》 ……………… 97

童话寓言

心灵的花骨朵
　　——安徒生童话 ……………… 101
全世界孩子的心灵读本

——《格林童话》·············103

世界童话经典

　　——《爱丽丝漫游奇境记》···105

写给一切人看的童话

　　——《小王子》·············106

脍炙人口的文学精华

　　——《伊索寓言》···········107

风靡世界的童话

　　——《哈利·波特》·········109

诗词文赋

中小学生入门诗选

　　——《唐诗三百首》·········111

冠绝古今的全才之作

　　——苏轼作品·············112

中国古今第一才女之词

　　——李清照词作···········114

横绝六合的英雄词

　　——辛弃疾词作···········117

风流才子的风流之作

　　——徐志摩的诗···········119

闪光的露珠

　　——《繁星》《春水》·········121

东方诗哲的心灵之歌

　　——《泰戈尔诗选》·········122

爱与美的结晶

　　——《纪伯伦散文诗》········124

科普读物

改变人类世界观的著作

——《物种起源》·············126

海底世界的奇观

　　——《海底两万里》·········129

为昆虫立传

　　——《昆虫记》·············131

科普"侦探小说"

　　——《元素的故事》·········132

最好的宇宙学启蒙读物

　　——《时间简史》···········133

叩开哲学之门

　　——《苏菲的世界》·········135

文化教育

中国人的圣经

　　——《论语》···············137

逍遥天地的指南

　　——《庄子》···············138

史家绝唱无韵离骚

　　——《史记》···············141

一个父亲的谆谆教诲

　　——《傅雷家书》···········143

美学入门书

　　——《谈美书简》···········145

思想的珍珠

　　——《人与永恒》···········146

揭示文艺的真谛

　　——《歌德谈话录》·········148

成长的指南

　　——《爱的教育》···········150

中国小说

长篇历史小说的开山之作
——《三国演义》

关于三国的故事，早在晋代和南北朝时期就已经在民间广泛流传。唐宋时有讲唱三国故事的，宋代还出现了"说三分"的专职，并开始形成尊刘贬曹的思想倾向。元朝除杂剧中有大量三国戏之外，还流传有话本《全相三国志平话》，其情节的基本骨架已略具《三国演义》的规模，但叙事简略，文笔粗糙，而且有不少内容荒诞不经。罗贯中改编时，对这部分内容加以删除或改写，并且补充了许多历史上的真实材料。文字的叙述也进行了一番铺排润饰，把头绪纷乱的三国历史，按照年代、事件、人物井然有序地进行组织描绘，使之成为一部具有广阔社会历史内容，文字生动，故事情节丰富多彩，引人入胜的长篇历史小说，充分表现了作者的创造精神和卓越的艺术才能。

罗贯中（约1330—约1400），名本，字贯中，号湖海散人，籍贯山西太原府，一说山西省祁县，一说山西省清徐县，一说钱塘（今浙江杭州）或庐陵（今江西吉安）人。元末明初著名小说家、戏曲家，是中国章回小说的鼻祖。罗贯中的一生著作颇丰，主要作品有：剧本《赵太祖龙虎

风云会》、《忠正孝子连环谏》、《三平章死哭蚩虎子》，小说《隋唐两朝志传》、《隋唐五代史演义》、《三遂平妖传》、《粉妆楼》，据说和施耐庵合著《水浒传》，而他的传世代表作是《三国演义》。

《三国演义》，全称《三国志通俗演义》，别称《三国志演义》。它的最早版本是明嘉靖元年刊印的《三国志通俗演义》，全书 24 卷，240 则。清康熙年间，毛伦、毛宗岗父子对嘉靖本作了一次全面的加工润饰，使不少情节更加符合史实，整部作品变得紧凑精炼，艺术性大为提高，拥刘贬曹色彩加重，这就是现在通行的 120 回本《三国演义》。

《三国演义》描写了从东汉灵帝中平元年（184 年），到西晋武帝太康元年（280 年）共 97 年的历史故事。

《三国演义》以刘备、关羽、张飞、诸葛亮的活动为主线，描写了魏、蜀、吴三国的兴起、发展、强盛和衰败的历程。它集中地描绘了各个封建统治集团之间军事、政治、外交上的种种斗争，从而揭露了当时社会的黑暗和腐朽，谴责了统治者的残暴和丑恶，同时反映了人民在动乱时代的灾难和痛苦，表达了他们反对战争分裂、要求和平统一的愿望以及反抗暴君、歌颂明君的政治倾向。

《三国演义》是我国章回小说的开山之作，也是我国最有成就的长篇历史小说。它达到了历史真实与艺术真实、现实主义与浪漫主义的高度统一。它具有史诗性的规模，宏伟的艺术结构，生动曲折的叙述方式，精练通俗的文学语言，也就是说它具备了完美的相当成熟的长篇章回小说形式，这在我国古典小说的发展史上是一个重要的里程碑。自它出现以后，群起仿效，各朝各代的历史都改编成了演义小说，无一缺漏。而根据三国故事移植、改编的作品，更是数不胜数。尤其是京剧中的三国戏至今仍然活跃在舞台上，经久不衰。

桃园三结义

《三国演义》不仅在小说史上影响了后世历史小说的创作，而且产生了深远的社会影响。它对战争的描写，不少具有军事借鉴价值，简直可以作为军事教科书来读。明、清两代农民起义军领袖张献忠、李自成、洪秀全等从中吸取战争知识，学习攻城略地、伏险设防的经验，许多人用它来做政典和兵略。它所宣扬的忠义思想、历史分合观、拥刘反曹的倾向，都已深入人心。刘关张桃园结义为不同阶级和阶层所效仿，诸葛亮、曹操、张飞、关羽等形象已深深楔入中国人民的思想意识。

《三国演义》在国际文坛上也有广泛的影响。它的各种珍贵版本，世界各大图书馆均有收藏。《三国演义》原书在世界最早流传的国家是日本、朝鲜和越南，三国故事在这些国家也几乎家喻户晓。日本还出版了连环画册，播放了木偶电视剧。德国、意大利、荷兰、前苏联等国也有《三国演义》的译本。近年来，外国企业界人士纷纷钻研《三国演义》，从中获取经验与知识。日本企业界把它列为必读书，认为学习《三国演义》，可以寻得秘诀，增强竞争能力，为事业的成功铺平道路，特别是诸葛亮的足智多谋，给企业家提供了有益的启迪。总之，《三国演义》在当今世界上仍可以发挥它的巨大作用和影响。

农民起义的教科书——《水浒传》

水浒故事的最早来源是北宋末年我国北方发生的以宋江为首的农民起义的历史记载。此次起义虽然失败，但由于一度声势很盛，活动于广大地区，影响深远，于是民间长期流传着关于宋江等英雄人物的故事，他们的事迹被染上了浓厚的传奇色彩。南宋时期的话本里已有一些水浒英雄故事的段落，如《花和尚》、《武行者》等。宋末元初出现了话本集《大宋宣和遗事》，有梁山泊的聚义本末，但内容十分简单，是提纲式的。元代出现了一批水浒戏，故事的主人公都是梁山泊英雄，人物故事日益发展丰富，水浒英雄由36人发展到72人，后来又发展到108人。施耐庵就是在宋元以来广泛流传的民间故事、话本、戏曲的基础上，进行综合性的再创造，才写成了不朽的长篇巨著《水浒传》，也有人认为施耐庵的学生罗贯中参与了本书的创作。

施耐庵（1296—1370），名子安，又名肇瑞，字彦端，耐庵为其别号，明初著名的小说家。江苏兴化人，后迁徙大丰县白驹，曾流寓钱塘。他是个贫苦的弄船人的儿子，童年时随父至苏州，在浒墅关读书。19岁中秀才，28岁中举。他学识渊博，29岁时曾充满信心地去大都应试，结果却名落孙山，因无颜回乡，便在友人的帮助下，到山东郓城当训导。在郓城为官期间，他倡导学习，廉洁正直，好结交一般穷苦的文人和侠义之士，这时他搜集了梁山泊附近流传的有关宋江的事迹。35岁时中进士。后来在钱塘做了两年官，因与当道权贵不合，悬印而去。张士诚起义军占领了苏州以后，他曾入张士诚部为幕僚，

中国小说

因不受重用而离去。曾一度在常熟、江阴一带执教鞭。晚年隐居白驹（在今江苏盐城），著书立说。朱元璋称帝后，多次请他不出，又迁到淮安。殁于此，其孙迁其骨归白驹。

施耐庵

《水浒传》是我国历史上第一部以农民起义为题材的长篇小说。描写的是宋朝徽宗时皇帝昏庸、奸臣当道、官府腐败，贪官污吏陷害忠良，弄得民不聊生，许多正直善良的人被逼落草为寇，一百零八条好汉聚义梁山上打着"替天行道"的旗号，不随意伤害客商、不随意骚扰民众，只对付贪赃枉法、无恶不作的官僚和土豪大户。一百零八条梁山英雄好汉，分属天罡星三十六人、地煞星七十二人的上应天命之人，有帝子臣孙、富豪将吏、猎户渔人、雇工小吏，甚至绿林大盗及骗、抢、偷、盗等三教九流各色人等。而其上山聚义有的是官府逼迫的、畏罪上山避难的，亦有慕名侠义而来的，或交战失败归降及设

计诱请入山的。一百零八人个个身怀神技，有文有武，能马上射箭、潜水行走、腾跳自如、腾云驾雾、日行八百里等。而宋江的忠义双全、吴用的奇谋妙用、林冲的艺高胆大、李逵的鲁莽急躁，还有鲁智深大闹桃花村、武松景阳冈打虎等精彩故事，使人看了热血澎湃，舒坦痛快。故明末清初文学批评家金圣叹说："不读《水浒》，不知天下之奇。"

从某种意义上说，它可称得上是一部"农民起义的教科书"。小说中所表现出来的反抗精神、革命乐观主义精神和理想化的英雄人物，几百年来已深深扎根于人民群众之中，它对人民起来反抗封建统治的斗争有着巨大的鼓舞作用。从明末李自成起义到太平天国、义和团起义，甚至民间秘密的反清组织天地会等，无不受其影响。许多起义军领袖以《水浒传》中的人物名字作为混名，称"宋江"的尤其多。《水浒传》中的一些政治

武松打虎

口号，如"奉天倡议"、"替天行道"、"劫富济贫"等，也往往为后世的农民起义军所采用。他们从《水浒传》中学到了丰富的斗争经验和方法，获得了巨大的力量，这些正是统治阶级所害怕和痛恨的。他们诬蔑《水浒传》是"海盗"之书，还下令禁止和烧毁《水浒传》，但是《水浒传》照样在民间广为流传，它是烧不尽、禁不绝的。

《水浒传》是一部形象的英雄传奇，它成功地塑造了一系列起义英雄的形象，在水浒英雄好汉身上，寄托着人民的理想和愿望，这正是它几百年来广泛流传的重要原因。同时，它的人物描写的成就是巨大的，它是我国古典小说在人物塑方面从类型化典型到性格化典型的重要的里程碑。它开始按实际生活写出了人物性格的复杂性，写出了人物性格的发展变化，塑造出了很多源于生活又高于生活的血肉丰满的艺术典型，对后世小说的创作有很大影响。

《水浒传》是我国英雄传奇小说发展的高峰，后世的英雄传奇、武侠小说概源于此。如《杨家传》、《说岳全传》、《说唐全传》等书都与《水浒传》有密切的关系。还出现了不少根据水浒故事改编的戏剧及民间说唱等。

《水浒传》一书已被译成英、法、俄、德、意、捷、匈、波、朝、越、日、拉丁等多种文字，在世界各地广为流传。其中译得最好的是美国布克夫人（赛珍珠）的译本《四海之内皆兄弟》。

想象力的狂欢——《西游记》

在中国古典小说名著中，《西游记》要算是最驳杂的一部书：它糅合了佛、道、儒三家之言。对这样一部神魔小说，要想做出比较确切的、与普通读者的阅读感受吻合的理性解析，首先考察一下它的成书过程以及作为小说情节主体的唐僧取经故事的演变过程是非常必要的。因为，从这中间可以比较清楚地看出，这个本来是弘扬佛法的故事怎样会加入道教的内容，又怎样蜕变为富有文学魅力、情趣的小说以及由其自身矛盾所形成的艺术特点。

吴承恩（1501—1582），字汝忠，号射阳山人。淮安府山阳县（今江苏省淮安市楚州区）人。中国明代杰出的小说家，《西游记》正是出自他之手。

吴承恩

中国小说

在中国古代小说中，《西游记》是一部思想性和艺术性都臻于第一流的伟大作品。它也是明代长篇小说的重要流派之一——神魔小说的代表作。它在神魔小说中的地位，相当于《三国演义》之于历史演义小说。

神魔小说通常由两个部分组成。一个部分叫做出身传，另一个部分叫做灵应传或降妖传。《西游记》的结构也是这样。它的前七回，介绍孙悟空的出身，其余九十三回，是全书的主要部分，演述唐僧、孙悟空等师徒四人降妖伏魔、西天取经的故事。

出身传中的孙悟空大闹天宫的故事，成功地塑造了机智的、坚强的孙悟空的形象。他具有强烈的反抗性格，藐视腐朽无能的天宫统治者，喊出了"皇帝轮流做，明年到我家"的口号。正像有人所说的，"如果没有历史上发生的许多次规模巨大的、猛烈地冲击了封建王朝的农民起义、农民战争，大闹天宫的情节不可能想象得那样大胆，孙悟空作为一个叛逆者的形象也不可能塑造得那样光彩夺目"。

西天取经故事表现了神魔小说的两大主题：寻找与追求，斩妖与降魔。《西游记》把二者巧妙地联系和结合起来。它告诉人们：为了寻找、追求、实现一个美好的理想和目标，为了完成一项伟大的事业，必然会遇上或多或少的、或大或小的、各种各样的困难和挫折，必须要顽强地战胜这些困难，克服这些挫折。

长篇神魔小说《西游记》也和《水浒传》、《三国演义》相似，是经过长期地积累和演变才形成的。《西游记》的故事源于唐僧玄奘只身赴天竺（今印度）取经的史实。玄奘归国后，口述西行见闻，由弟子写成《大唐西域记》，记载了取经途中的艰险和异域风情。而玄奘的弟子慧立所撰的《大唐大慈恩寺三藏法师传》中，对取经事迹做了夸张的描绘，并插入一些带神话色彩的故事。

此后，随着取经故事在社会中的广泛流传，其虚构成分也日渐增多，并成为民间文艺的重要题材。在戏剧方面，宋之南戏有《陈光蕊江流和尚》，金院本有《唐三藏》，杂剧有元代吴昌龄的《唐三藏西天取经》、元末明初无名氏的《二郎神锁齐天大圣》、杨景贤的《西游记》。这些剧作与小说《西游记》的关系难以确定，但足以证明取经故事在社会上广泛流传的情况。话本中，元代刊本《大唐三藏取经诗话》是较早的一种。它篇幅不大，宗教色彩浓厚、情节离奇而比较粗糙，但已具备了《西游记》故事的轮廓。书中有猴行者化为白衣秀士，神通广大，作为唐僧的保驾弟子，一路降妖伏魔，这就是《西游记》中孙悟空的雏形，而书中的深沙神则是《西游记》中沙僧的前身，但还没有猪八戒。

比较完整的小说《西游记》，至迟在元末明初已经出现。元人的《西游记》已具有相当规模，并奠定了百回本《西游记》的基本框架，只是描写还不够精细。

《西游记》的形成过程很长，但其中有两个阶段是最重要的：一个是它基本成型的元末，另一个是它最后完成的明嘉靖中后期。而这两个时期的共同特点，是社会思想开放活跃，市民阶层的力量处于上升状态。作为主要面向市民的通俗读物《西游记》，其趣味与这种背景关系甚大。

这部小说直接的创作目的，还是为了提供娱乐，给读者以阅读的快感，而作者的思想又是相当自由活泼，所以小说中一本正经的教训甚少，戏谑嘲弄的成分却十分浓厚。那些庄严尊贵的神佛，在作者笔下时常显出滑稽可笑的面貌。玉皇大帝的懦弱无能、太白金星的迂腐而故作聪明暂且不论，像观音菩萨在欲借净瓶给孙悟空时，还怕他骗去不还，要他拔脑后的救命毫毛做抵押，就是在西天佛地，因唐僧"不曾备得人事"，阿摊、伽叶二尊者便不肯"白手传经"，使唐僧只得交出紫金钵盂。这些游离于全书基本宗旨和主要情节之外的"闲文"，不仅令人发噱，而且表现出世俗欲念无所不在、人皆难免的意识和以庸常的观念看待神圣事物的态度。

在中国文学史上，以神话为素材的文学创作一向不够发达。《西游记》立足于民族文化，又吸取外来文

唐僧师徒四人剧照

化的营养，以丰富的艺术想象力描绘出一个光怪陆离的神话世界，创造出许多离奇的神话故事，塑造了孙悟空、猪八戒等鲜明生动的神话艺术人物形象，不仅填补了中国文学的一种缺陷，而且体现了中国文学在一旦摆脱思想拘禁以后所产生的活力，这在文学史上具有相当重要的意义。

此外，《西游记》虽是由众多零散故事传说汇聚成一部大书，但经过再创作，结构却相当完整。它的文字幽默诙谐、灵动流利，善于描写各种奇幻的场面，体现了相当高的艺术水平。

中国古今第一奇书——《红楼梦》

作者曹雪芹（1724—1763），清

中国小说

代小说家。名霑，字梦阮，号雪芹、芹圃、芹溪，祖籍辽阳（今属辽宁）。其先世本为汉族，后为满洲正白旗包衣（家奴）。其曾祖曹玺任江宁（今南京）织造，曾祖母孙氏做过康熙皇帝的保姆。祖父曹寅与康熙皇帝的关系极为密切，做过康熙皇帝的伴读和御前侍卫，后继任江宁织造，并兼任两淮巡盐监察御史。康熙皇帝六次南巡，四次以曹寅的织造府为行宫。曹寅病故后，其子曹颙、曹頫、先后继任江宁织造之职。曹雪芹为曹頫独子，在南京度过锦衣玉食、富贵荣华的童年。

雍正初年，由于皇室内部的斗争，曹家受到牵连，其父以事获罪，家产被抄没。曹雪芹随家迁回北京居住。曹家从此衰败。

曹雪芹中年生活贫困，曾在宗学

曹雪芹

里干过抄写一类的工作。晚年，曹雪芹移居北京西山，生活日趋穷苦，住处"满径蓬蒿"，过着"举家食粥"的日子。曹雪芹的生活经历了由荣华富贵到潦倒困顿的巨变，培养了他愤世嫉俗、蔑视权贵、嗜酒狂狷、豪放不羁的性格。独特的身世，使他对社会的种种黑暗和罪恶有更全面、更深刻的认识，对封建阶级没落的命运有更深切的感受，同时也使他有机会接触更广阔的社会现实，这都为他创作《红楼梦》奠定了坚实的生活基础。《红楼梦》成书于曹雪芹的晚年，创作过程异常艰苦，创作态度十分严肃。可惜没有完稿，曹雪芹就因其幼子夭亡，过分悲伤病倒，还不到50岁，就在贫病交加中逝世。《红楼梦》成了他未完成的杰作。

《红楼梦》以贾、史、王、薛四大家族为背景，以贾宝玉、林黛玉爱情悲剧为主线，着重叙述荣、宁两府由盛到衰的过程，全面地描写封建社会末世的人性世态及种种无法调和的矛盾。《红楼梦》是言情小说，它言男女之情，以言情而至伟大，必须有一个条件：起于言情，终于言情，但不止于言情。通常的言情之作常常易于流于浅薄，而伟大的言情则有一个不言情的底子，这样才能衬出情的深度。《红楼梦》之所以伟大，首先是在结构的伟大上。在如此精妙的布局和秩序下，这等空间、这群人物中，看似庞杂的故事在作者的笔下事无巨细、分明清晰地娓娓道来。

曹雪芹的未完稿初名《石头记》，基本定稿只有 80 回，80 回后的手稿未经整理便散失了。早期流行的抄本有脂砚斋等人的批语，题名《脂砚斋重评石头记》，这种"脂评本"仅有 80 回。后由程伟元、高鹗活字排印的《红楼梦》，题名《新镌全部绣像红楼梦》，120 回。现在多数人认为前 80 回为曹雪芹原著，后 40 回为高鹗所续。

《红楼梦》标志着中国古典小说达到现实主义高峰。问世后，"传统的思想和写法都打破了"（鲁迅语），对我国乃至世界文学都有着既深且广的影响。

在《红楼梦》成书的年代，印刷出版尚且相当困难，曾以手抄本形式流传 30 年。抄者不惮其烦，抄毕藏为珍品；亦有每抄一部易金数十者。《红楼梦》渐渐流传后，很快在社会各阶层产生了巨大影响。成为当时人们谈论的中心话题。宝黛纯情，使读者感叹；悲剧结局，令读者涕泣。书中体现出的深刻的反封建思想内容，鼓舞着人们追求新的理想，挣脱封建桎梏。因此，该书也引起了封建统治阶级的深恶痛绝而几经严行禁、毁。

《红楼梦》的创作成就，为后代作家提供了宝贵的艺术经验。在后代许多优秀文学作品中，不难看出它的影响。以《红楼梦》题材创作的戏剧、诗词、电影、电视剧更是不胜枚举。

红楼梦剧照

由于这部优秀作品的存在，甚至在中国乃至世界文学界产生了一种专门学科——"红学"。《红楼梦》被译成多种版本文字发行海外。无论是专家学者，还是中华人民共和国领袖，都在认真研读之余，以自己的观点写出评论文章。

一部伟大的传世之作，出自一个不朽的伟大作家之手；而一个伟大的作家，必定产生于一个伟大的民族。正是中华民族的灿烂文化，孕育出《红楼梦》这部作品，它已经产生并仍在继续扩展的深远影响，定将使中华文化更加绚丽。

写妖写鬼高人一筹——《聊斋志异》

蒲松龄（1640—1715），清代文学家。字留仙，一字剑臣，别号柳泉，淄川（今山东淄博）人。他出

中国小说

生在一个书香门第的家庭，但祖上科名都不显，父亲读书未遂功名，转而弃儒经商。蒲松龄童年时随父读书，青年时热衷于科举，并在 19 岁时连中县、府、道三个第一，考中秀才，但此后却屡试不第。31 岁时，他迫于家贫，应聘为江苏宝应县知县孙蕙的幕僚，次年便辞幕回乡。33 岁起在家乡的缙绅人家教私塾，直到 70 岁才结束教学生涯。这 40 年间，他一面教书，一面应考，43 岁时补廪膳生，51 岁时到济南参加乡试，不料第二场抱病退场，结果落第而归，从此不进科场，直到 71 岁才援例成为贡生。4 年后便离开了人世。

穷愁潦倒的一生，使他对科举制度的腐朽、封建仕途的黑暗有深刻的认识和体会。同时，由于生活的贫困，对封建剥削的压迫身有感受，因而比较能体察民间疾苦，激发了他为民请命的精神。又因为他长期坐馆，

蒲松龄雕像

当过幕僚，有机会接触上层社会，对达官贵人的骄奢淫逸、封建官府的腐败黑暗有具体、真实的了解。这些对他的《聊斋志异》的创作有直接、重大的影响。

据说作者蒲松龄在写这部《聊斋志异》时，专门在家门口开了一家茶馆，请喝茶的人给他讲故事，讲过后可不付茶钱，蒲松龄听完之后再作修改写到书里面去。《聊斋志异》在蒲松龄 40 岁左右时基本完成，此后不断有所增补和修改。"聊斋"是他的书屋名，"志"是记述的意思，"异"指奇异的故事。书中写的是一个花妖鬼狐的世界，写得最美最动人的是那些人与狐妖、人与鬼神以及人与人之间的纯真爱情的篇章。多数作品通过谈狐说鬼的手法，对当时社会的腐败、黑暗进行了有力批判，在一定程度上揭露了社会矛盾，表达了人民的愿望。但其中也夹杂着一些封建伦理观念和因果报应的宿命论思想。

《聊斋志异》共有短篇小说 491 篇。题材非常广泛，内容极其丰富。它的艺术成就很高，成功地塑造了众多的艺术典型，人物形象鲜明生动，故事情节曲折离奇，结构布局严谨巧妙，文笔简练，描写细腻，堪称中国古典短篇小说之巅峰。

蒲松龄的同乡好友、诗坛泰斗王士祯则为《聊斋志异》题诗："姑妄言之姑听之，豆棚瓜架雨如丝。料应厌作人间语，爱听秋坟鬼唱时。"王

《聊斋志异》封面

士祯对《聊斋志异》甚为喜爱，给予极高评价，并为其作评点，甚至欲以五百两黄金购《聊斋志异》之手稿而不可得。

《聊斋志异》问世后，曾风靡一时，模仿作品数不胜数，形成了一股"聊斋热"。例如沈起凤的《谐铎》、邦额的《夜谭随录》、浩歌子的《萤窗夜草》、袁枚的《新齐谐》、王士祯《池北偶谈》、纪昀的《阅微草堂笔记》等，尽管谈不上抒写"孤愤"，但创作手法上都不同程度地受到《聊斋志异》的影响。近几年，有关《聊斋志异》的选注本、白话本、连环画、评书等更成为群众喜闻乐见的读物。其中部分脍炙人口的短

篇还被改编成电影、电视、歌剧、芭蕾舞剧，或被改编成各大剧种的剧目，包括京剧、评剧、越剧、川剧、吕剧、折子戏等。

《聊斋志异》故事也风靡世界，历久不衰，成为各国读者了解中国封建社会的一部巨著，从而被推崇为中国的《东方夜谭》。日本早就有模仿《聊斋志异》创作的《本朝虞初新志》，还出版了《蒲松龄传》。目前已有20多个国家翻译并出版了《聊斋志异》。

中国现代文学的先声——鲁迅小说

鲁迅（1881—1936），本名樟寿，字豫才，后又取名树人，"鲁迅"是发表《狂人日记》时用的笔名。浙江省绍兴人。他出身于破落封建士大夫家庭，母亲鲁瑞由以自修获得读书的能力，她的品格影响了鲁迅的一生。

《呐喊》是鲁迅创作的第一部小说集，收录了起于1918年的《狂人日记》、止于1922年的《社戏》共计14篇作品。鲁迅之所以把这本小说集定名为《呐喊》，是想给革命者扬威助阵。《呐喊》反映了辛亥革命至"五四"前后中国社会的广阔画面，展示了在帝国主义、封建主义重压下逐渐破产的古老农村和市镇的不同阶层人物的心理活动，刻画出一个

中国小说

个不朽的农民典型以及没有找到出路的知识分子和城市贫民的形象。《呐喊》是用革命的现实主义手法进行创作的,在反映现实生活方面具有高度的真实性、深厚的人民性;在塑造人物方面是鲜明的、高度概括的典型形象。

《阿Q正传》是鲁迅小说中最著名的一篇。最初分章发表于北京《晨报副刊》,后由作者编入小说集《呐喊》。作品以辛亥革命前后闭塞落后的农村小镇未庄为背景,塑造了阿Q这样一个从物质到精神受到严重迫害的农民的典型形象。

中篇小说《阿Q正传》是中国现代文学的奠基作品,也是世界文学宝库中享有极高声誉的不朽之作。法国作家罗曼·罗兰说过"《阿Q正传》,这是世界的。"阿Q是鲁迅塑造的一系列具有重大时代意义的众多人物中最具典型意义的形象,也是世界现实主义文学中十分卓越的艺术创造。他塑造阿Q,是有意通过这个形象来画出国民的灵魂,尤其是对阿Q的精神胜利法——这一性格特征的刻画可谓淋漓尽致,入木三分。阿Q的精神胜利法表现为他的自轻、自贱、自欺欺人、自嘲、自解、自甘屈辱、自我安慰以及妄自尊大、自我陶醉等。阿Q的精神胜利法并非农民所独有,也不只是那个时代的特产物。时至今日,对精神胜利法的鞭挞仍具有深刻的现实意义。这正是鲁迅具有

伟大革命家、思想家眼力的表现。阿Q形象的塑造最能体现鲁迅对愚弱国民"哀其不幸,怒其不争"的态度。

《故事新编》封面

《彷徨》是鲁迅先生的短篇小说集,有11篇小说,写作于五四运动后新文化阵营分化的时期。原来参加过新文化运动的人,"有的退隐,有的高升,有的前进",鲁迅当时像布不成阵的游勇那样"孤独"和"彷徨"。《彷徨》表现了他在这一时期在革命征途上探索的心情。后来在《题〈彷徨〉》一诗中说:"寂寞新文苑,平安旧战场。两间余一卒,荷戟独彷徨。"这便是题名《彷徨》的来由。他在《彷徨》书扉页上引用《离骚》诗句:"路曼曼其修远兮,吾将上下而求索。"

《彷徨》贯穿着对生活在封建势力重压下的农民及知识分子"哀其不幸，怒其不争"的关怀。《彷徨》的艺术技巧圆熟：具有深广的历史图景，对人物命运的叙述渗透感情，使用"画眼睛"、"勾灵魂"的白描手段，丰满的人物形象具有典型的意义。

《故事新编》是鲁迅的一部短篇小说集，收录了鲁迅在 1922 年至 1935 年创作的短篇小说 8 篇。《故事新编》是鲁迅先生以远古神话和历史传说为题材而写就的短篇小说集，包含他在不同时期所写的 8 篇作品。这些作品的语言秉承鲁迅先生的一贯文风，幽默风趣，婉而多讽。故事的内容虽来源于历史，但只是用了一点因由，经作者随意点染，展现在我们眼前的却是一副绝妙奇趣的画卷。

《故事新编》是鲁迅的最后的创新之作，里面 8 篇有 5 篇写于鲁迅生命的最后时期。鲁迅面临死亡的威胁，处于内外交困、身心交瘁之中，《故事新编》整体的风格却显示出前所未有的从容、充裕、幽默和洒脱。尽管骨子里依旧藏着鲁迅固有的悲凉，却出之以诙谐的"游戏笔墨"，这表明鲁迅的思想与艺术都达到了一个新的境界，具有某种超前性。在它的很多篇故事中，我们都可以发现或隐或现、或浓或淡地存在着"庄严"与"荒诞"两种色彩和语调，互相补充、渗透和消解。

鲁迅以笔代戈，奋笔疾书，战斗一生，被誉为"民族魂"。毛泽东评价他是伟大的文学家、思想家和革命家，是中华文化革命的主将。"横眉冷对千夫指，俯首甘为孺子牛"是鲁迅先生一生的写照。

中国第一部现代长篇杰作——《子夜》

茅盾（1896—1981），原名沈德鸿，字雁冰，"茅盾"是 1928 年发表第一部小说《幻灭》时用的笔名，浙江省桐乡人。

《子夜》是茅盾于 1931 年 10 月至 1932 年 12 月期间撰写的长篇小说，写作之前还经历了较长的酝酿阶段。茅盾写作《子夜》的目的在于，通过描写现实生活来说明中国不可能走上资本主义道路，驳斥托派"现在中国已是资本主义，封建主义只是残余，要等资本主义成熟后再搞社会主义"的言论。

《子夜》的问世，标志着茅盾的创作进入了一个新的成熟阶段。它所反映的内容是极为深广的，既有上海金融投机市场的惊心动魄的搏斗，有买办资产阶级、帝国主义掮客和大大小小民族资本家的活动，也有工人罢工、农民暴动和反动派的镇压，还有在共产党领导下的艰苦的城市地下斗争以及党内"左倾"机会主义路线的危害等等，揭示了"中国并没有走

中国小说

茅盾《子夜》连环画

向资本主义发展的道路，中国在帝国主义压迫下，是更加殖民地化了"的主题。像这样规模巨大、反映生活深刻的作品，不能不说是中国新文学的重大收获。

它描写的是 20 世纪 30 年代的中国，尽管民生凋敝、战乱不止，在都市化的上海却是另一番景象。这里，有纸醉金迷的生活，有明争暗斗的算计，有趋炎附势的各色人物。

开丝厂的吴荪甫在乡下的父亲吴老太爷避战乱来到上海，灯红酒绿的都市景观使这个足不出户的老朽——吴老太爷深受刺激而猝死。吴府办丧事，上海滩有头有脸的人都来吊唁。他们聚集在客厅，打听战况、谈生意、搞社交。善于投机的买办资本家

赵伯韬找到吴荪甫和他的姐夫杜竹斋，拉拢他们联合资金结成公债大户"多头"，想要在股票交易中贱买贵卖，从中牟取暴利。杜竹斋心中犹疑，赵伯韬遂向他透露了用金钱操纵战局的计划。吴、杜决定跟着赵伯韬干一次。这次合作，小有波澜而最终告捷。

因为金融公债上混乱、投机的情形妨害了工业的发展，实业界同人孙吉人、王和甫推举吴荪甫联合各方面有力的人，办一个银行，做自己的金融流通机关，并且希望将来能用大部分的资本来经营交通、矿山等几项企业。这正合吴荪甫的心意。他的野心很大，又富于冒险精神。他喜欢和同他一样有远见的人共事，而对那些半死不活的资本家却毫无怜悯地施以手段。很快地，益中信托公司就成立起来了。

这时，吴荪甫的家乡双桥镇发生变故，农民起来反抗，使他在乡下的一些产业蒙受损失。工厂里的工潮此起彼伏，也使他坐立不安。为对付工人罢工，吴荪甫起用了一个有胆量、有心计的青年职员屠维岳。他先是暗中收买领头的女工姚金凤，瓦解了工潮的组织，当事发之后，姚金凤被工人看作资本家的走狗。而工潮复起的时候，屠维岳使吴荪甫假令开除姚而提拔那个把事情捅出去的女工。这样一来，姚的威信恢复，工人反而不肯接受对她的处置。接着，作为让步，

吴收回成命，不开除姚，并安抚女工给予放假一天。吴荪甫依计而行，果然平息了罢工。

交易所的斗争也日渐激烈。原先吴荪甫与赵伯韬的联合转为对垒和厮拼的局面，以益中信托公司作为与赵相抗衡的力量，形成以赵伯韬为"多头"和益中公司为"空头"之间的角斗。赵伯韬盯上吴荪甫这块肥肉，想乘吴资金短缺之时吞掉他的产业。几个回合较量下来，以益中亏损八万元栽了跟头而停下来。此时吴荪甫的资金日益吃紧，他开始盘剥工人的劳动和克扣工钱。新一轮的罢工到来，受到牵制的屠维岳分化瓦解工人组织的伎俩被识破，吴荪甫陷入内外交迫的困境。

赵伯韬欲向吴荪甫的银行投资控股。吴决心拼一把，他甚至把自己的丝厂和公馆都抵押出去作公债，以背水一战。他终于知道在中国发展民族工业是何等困难。个人利害的顾虑，使他身不由己地卷入到了买空卖空的投机市场来。

公债的情势危急，赵伯韬操纵交易所的管理机构。几近绝望的吴荪甫把仅存的希望放在杜竹斋身上。千钧一发之际，杜倒戈转向赵一边。吴荪甫彻底破产了。

这部长篇小说艺术上的成功之处在于它结构的严谨，规模宏大，生活画面丰富，对典型人物的塑造、人物心理状态的刻画深刻等方面。全书共19章，30余万字，头两章主要是交代人物，提示线索。以后17章一环紧扣一环，头绪繁多却有条不紊。把众多的人物、复杂的情节和错综的矛盾严密地组合成一个波澜壮阔、起伏跌宕的艺术整体。《子夜》在整体布局上具史诗般宏阔，但细节描写的笔触又极为委婉细致，剖析人物心理，直至其微妙颤动的波纹。这一特点，早在30年代，吴宓先生就曾指出过并大加赞赏，称《子夜》"笔势具如火如荼之美，醋姿喷薄，不可控搏。而其细微处复能委婉多姿，殊为难能可贵"。茅盾认为吴宓的评论真正体会到了"作者的匠心"。

1933年《子夜》的出版轰动了文坛，瞿秋白曾把这一年称为"子夜年"，足见这部小说影响之大。30年代一位著名的经济学家说过，要了解当时中国经济状况应该读一读《子夜》，茅盾被誉为"三十年代的画家"。日本著名文学研究家筱田一士在推荐10部20世纪世界文学巨著时，便选择了《子夜》，认为这是一部可以与普鲁斯特《追忆逝水年华》、马尔克斯《百年孤独》媲美的杰作。

激流中掀起的尖峰——《家》

巴金（1904—2005），原名李尧棠，字芾甘，除"巴金"以外，还

中国小说

用过"王文慧"、"欧阳镜蓉"、"黄树辉"、"余一"等笔名。他生于四川成都一个大官僚地主家庭。目睹封建家庭的腐败，社会制度的黑暗，他渴望冲出这个"象牙的监牢"。

巴 金

巴金是中国现代文学史中以鲁迅为代表的文学巨匠中的一员，是语言艺术的大师之一。他的文学成就和贡献，在国内外都获得了很高的声誉。早在30年代鲁迅就称赞他说："巴金是一个有热情有进步思想的作家，在屈指可数的好作家之列的作家。"他的作品多年来被译成20多种文字，在世界上广为传播。法国文学界赞誉他为大师，法国评论界把他比作巴尔扎克、左拉、托尔斯泰这样的文学巨匠。1982年巴金获得意大利但丁国际奖。1983年法国总统授予他法国荣誉军团勋章，称之为"大师"、"不朽的作家"。

"激流三部曲"——《家》、《春》、《秋》是巴金的代表作。作品所描写的是五四运动后20年代初期"一个正崩溃的封建大家庭全部悲欢离合的历史"。三部作品的题材几乎是相同的，故事也是前后衔接的。其中以《家》的成就和影响为最大。

巴金从小生活在与《家》中高氏家族有着许多共同点的官僚地主家庭里，对封建阶级的黑暗腐朽看得格外真切。所以，当他怀着全部的愤怒去揭露他所最熟悉的封建家庭时，就会取得现实主义的极大成功。《家》通过高家的破败史来揭露封建制度和旧礼教的罪恶，揭示封建势力衰亡的必然性。作家把"家"当成了一个社会的缩影，而他所塑造的各种类型的人物也打上了鲜明的时代的烙印。

高老太爷这个封建家长和孔教会会长冯乐山都是顽固地维持封建统治的一代。他们满口仁义道德，实则男盗女娼。冯乐山60多岁了还要娶小妾，高老太爷就把丫头送他。他们是家庭悲剧的制造者。高家第二代"克"字辈不是想力挽狂澜于既倒而力不从心，就是典型的坐吃山空的败家子。第三代"觉"字辈分化得更加明显，觉新是个新旧参半的人物，觉民、觉慧、觉琴则是受五四运动新思想影响的一代知识分子，是封建家庭的叛逆者。而觉群、觉世，小小年纪就调戏丫头，封建阶级一代不如一代在他们身上表现得最明显。以上这三代人中，顽固的站在封建立场上的，已腐烂之极，只等着进棺材了；头脑清醒些的又回天无力；一些优秀分子，坚定地背叛了分崩离析的旧家庭。表面上看小说叙述的是一个家庭的没落史，实际上这个家庭的崩溃预示着一个阶级的灭亡。

《家》也是对封建礼教、伦理的控诉。在这个家庭就连少爷、小姐这些主子也没有掌握自己幸福、婚姻、命运的权利，于是有了梅的郁死、觉新的痛苦、觉民的逃婚、瑞珏的惨亡，更何况高府上的奴才，不仅没有人身自由，丫头也可以像物品一样任人奉送、蹂躏：鸣凤自杀以死抗争、婉儿替罪惨遭践踏。这些青年男女无形中都成了封建阶级人肉宴席上的珍馐。怀着对家庭中所有被迫害者的深切的同情，巴金以"我"要控诉的激情完成了他融合着血与泪的控诉。

20世纪初期正是中国的封建制度行将就木的时代，在许多描写旧家庭败落的文学作品中，以巴金的《家》最为优秀。在30、40年代，《家》鼓舞了许多旧家庭出身的青年背叛了家庭和阶级，走上了革命的道路。

动人心魄的牧歌——《边城》

沈从文被誉为现代中国的"风俗画家"，他的小说以恬静平淡的风格、小品散文的笔调、诗词曲令的意境，构建了一个属于他的"湘西世界"，反映了"优美、健康、自然，而又不悖于人性的人生形式"，刻画出众多性格鲜明、栩栩如生的人物形象。而《边城》是他的"湘西世界"的灵魂。

沈从文

《边城》是一部怀旧的作品，一种带着痛惜情绪的怀旧。作者创作时"心里怀着不可说的温爱"，在一首清澈、美丽但又有些哀婉的田园牧歌中，表现出一种优美、自然而又不违背人性的人生形式，为人类的爱做了恰如其分的说明。阅读《边城》，首先震撼读者的是沈从文的不经意的、淡如行云流水的语言，他那诗意的笔触点染下的边城宛如悠然自得的桃源。小说以兼具抒情诗和小品文的优美笔触，表现自然、民风和人性的美，描绘了水边船上所见到的风物、人情，是一幅诗情浓郁的湘西风情画，充满牧歌情调和地方色彩，形成别具一格的抒情乡土小说。

《边城》必定是暗涌着的，而沈从文先生的文笔又无疑是优秀的。书中的文字像是散落的碎片，片片映射着故事中的淡淡无奈和隐隐惆怅，细腻到了极致，温婉却有血性。初读时，怕这清新优雅的笔触承载不动如此动情的暗涌，比起这内容的厚重，文字的确是显得单薄了。但文字和内容的默契往往总是出人意料地巧妙。这完美无瑕的融合和游刃有余的真实，分明是来自沈先生对边城生活谙熟通达，汩汩流自笔端的文字载着清雅恬静的风景与这水乡故事从此便有了一脉相承的完整。

边城是隔绝的，边城的人则是纯真的，便也是这样的纯真才使边城的人有了浓浓的爱和彻骨的痛，有了真正的爱憎与哀乐，也正是缘于纯真，这爱和痛才所以是暗涌着的，它们缺乏表达的出口。翠翠的心空寂，纯得空寂，三年前二老的话三年后却仍了然心间。沈从文也必定有爱，更有品味爱的本领。"对于农民和士兵，怀有不可言说的温爱"，无疑这题记里的话成了《边城》表现的主旨。沈从文天生诗意的灵魂真正赐予了他爱的能力，在逆境中发现美丽，找到所爱。这正是《边城》之所以像饱含了浓浓感情的清茶的原因所在。

沈从文的清雅之致，自在随意地把《边城》写得飘飘于空，而这其中唯一无法释然的却只有人的感情。这感情是男女之爱、血缘之亲，更应是蕴涵了沈从文浓浓的思乡情结。与其把《边城》看成一篇纯小说，不如说它像沈从文对家乡湘西凤凰割舍不下的情怀。《边城》对景物的描写是如此抽离、洒脱，似与故事有了脱节。殊不知那却是一种真实的美，是沈从文以散文的笔调、诗曲的意境，为湘西家乡所描绘的一幅水墨画卷。没有扣人心弦的故事、惊心动魄的氛围、波澜曲折的情节，一切都只是真实的美和贴近人性的关怀。

《边城》亦是沈从文创作中的分水岭。《边城》之前，是一系列气象奇妙之作，文体多变，题材多样，水准参差。——他的"天才"和"令人惊异的创造力"依然需要琢磨；待《边城》一出，则大局定，气候现，沈从文的"希腊神庙"造成了。

《边城》的好处如世上的水无边无际——不单每个读者都能够从《边城》中得到些温暖，就连故事中的一篁竹、一草莺、一白塔都能从沈身上得到些亲切。一个人文字中律动着的生机、俏皮、爱意、惆怅，竟会那样通通融融，毫无滞障地流动在另一个人的血脉里。这个画境，是现代文学里，唯有沈从文可以达到的语境。

《边城》结构奇特。每一节、每一句里，都可以辨认出一种全新的观看方式：读者如坐江上，茶峒的民风和生活细节如两岸风光，行云流水而过。

沈从文笔下的湘西

故事的发展是两岸间夹的一水：与岸天然契合，波流却自成曲折。翠翠和二老感情中的起伏和隐忧，人物的一悲一喜就是水中潜流，无端而来，无奈而去，每个人都自成一个叙述回路，而又两两相对，二三相望，此起彼落，相互迭唱。在滔滔而去的河流中，没有一股潜流将扭转大势，可是在流逝中每个人都感到与他人爱意的交融，并渐渐获得对自己生命的体验和反省。

《边城》的无可替代性，在于这是一件只能为文字所包容的艺术品。影像的流动并叠或能再现它轻盈的多元叙述结构，但要复述《边城》中明晰却隐忍着的时间与生命的框架，就像回答水为何而流。在《边城》中，对人类内心体验与存在的表达是先驱性的。沈从文超常的结构能力，使《边城》四溢着真正的先锋性和微妙自足的形式美。

最伟大的虚构就是最伟大的真实。出走的沈从文找到了世界，也找到疏离。可他并没有向疏离妥协，落入一种荒凉自闭的文字中。他有理想，那是"我只想造希腊小庙。选山地做基础，用坚硬石头堆砌它。精致、结实、匀称，形体虽小而不纤巧，是我的理想建筑"。这庙里供奉的是"人性"。与其说沈从文在湘西发现了他的理想，不如说因为他对自己生命根基与生存经验的敏感和认同，使他在故乡不断发现着人性和细节。这一次的重返生活，沈从文超越了以往传奇中风物志式的浅表性，对整个现实的理解和阐述喷涌而出。正是对世间的爱意和希冀推动着这条叙述的河流，在存在的土和岩中冲出新的河床。《边城》是一次对人生的"观"、"想"、"望"的全面逼近，它骨子里的先锋性也被一代代读者越来越充分地体验到。所有这些，都将汇入人类整体经验的河流，虽然未知前方在何处。

语言的盛宴——《围城》

钱钟书（1910—1998），字默存，号槐聚，江苏无锡人。他以自己的努力和成就成为一位举世瞩目的学者。而他"偶尔为之"的《围城》已被译成世界上多种文字，有数十种不同的译文版本在各国出版。在美国，由于夏志清的推崇，不少人以钱钟书为

钱钟书

题撰写博士论文和专著。法国的西蒙·莱斯曾说："如果把诺贝尔文学奖授予中国作家的话，只有钱钟书才能当之无愧。"就凭这部唯一的长篇小说，钱钟书成为中国现代文学中小说大师级人物。

《围城》一书是钱钟书"锱铢积累"而写成的，小说没有明确的故事线索，只是一些由作者琐碎的见识、经历和虚构拼凑成的琐碎的情节。就一般而言，情节琐碎的书必然要有绝佳的言语表达才能成为一本成功的作品。《围城》果真是把语言运用到了登峰造极的境界。因此，读《围城》不能像读一般小说那样只注重情节而忽视语言了，否则，《围城》也就失去了其存在的意义。《围城》里面的精言妙语是这部小说的最成功之处，也是最值得赏析的地方。

钱钟书善用比喻。《围城》中的妙喻有两种，一是真实的写景写事物的形象比喻，读来令人舒畅，感觉恰到好处；二是抽象的思维和感觉运用具体的物象来比喻，或者反行之，读来让人觉得新奇、玄妙。例如开篇一段中"夜仿佛纸浸了油，变成半透明体，它给太阳拥抱住了，分不出身来，也许是给太阳陶醉了，所以夕阳晚霞隐退后的夜色也带着酡红"。这一句话比喻与拟人混用了，整体流畅自然而不带任何矫饰，这是第一种比喻，书中很是常见。更常见的是第二种比喻，也是全书中的亮点。如第一章中的鸿渐学无所成，为了回乡有个交代，只好买张假文凭，"这一张文凭，仿佛有亚当夏娃下身那片树叶的功用，可以遮羞包耻"。

《围城》的象征源自书中人物对话中引用的外国成语，"结婚仿佛金漆的鸟笼，笼子外面的鸟想住进去，笼内的鸟想飞出来，所以结而离，离而结，没有了局"，又说像"被围困的城堡，城外的人想冲进去，城里的人想逃出来"。但如果仅仅局限于婚姻来谈"围城"困境，显然不是钱钟书的本意。"围城"困境是贯穿于人生各个层次的。后来方鸿渐又重提此事，并评论道："我近来对人生万事，都有这个感想。"这就是点题之笔。钱钟书在全书安排了许多变奏，使得"围城"的象征意义超越婚姻层次，而形成多声部的共鸣。

《围城》从"围城"这个比喻开始，淋漓尽致地表现了人类的"围

20

城"困境：不断地追求和对所追求到的成功伴随而来的不满足和厌烦，两者之间的矛盾和转换，其间交织着的希望与失望、欢乐与痛苦、执著与动摇，这一切构成的人生万事。"围城"困境告诉我们人生追求的结果很可能是虚妄的，这看起来好像很有点悲观，但骨子里却是个严肃的追求，热忱深埋在冷静之下，一如钱钟书本人的一生。他揭穿了追求终极理想、终极目的的虚妄，这就有可能使追求的过程不再仅仅成为一种手段，而使它本身的重要意义得以被认识和承认，使我们明白追求与希望的无止境而义无反顾，不再堕入虚无。

但钱钟书并不是要简单地演绎这个比喻，他还要下一转语，不时地消除"围城"的象征。钱钟书的夫人杨绛曾经说，如果让方鸿渐与理想中的爱人唐晓芙结婚，然后两人再积爱成怨，以至分手，才真正符合"围城"的字面原义；钱钟书在《谈艺录》中批评王国维对《红楼梦》的误读时，也说过类似的话。方鸿渐想进入唐晓芙的围城却始终不得其门；苏文纨曾经以为已经进入了方鸿渐的围城，其实进入却等于是在外面，而当她与曹元朗结婚并过上真正的市侩生活时——那种生活在钱钟书看来是绝对应该逃离的，她却安之若素；她曾经似乎已经进入了文化的围城，但她只有在成为发国难财的官倒时，才真正找到了自己安身立命之处，你用

枪逼着她，她也不愿意出来的。方鸿渐并不想进入孙柔嘉的生活，可是他糊里糊涂地就进去了；结婚后，他也有想冲出来的冲动，但他是个被动的人，不敢行动，也不会行动。从表面上看，方鸿渐去三闾大学的经历与"围城"的比喻是最相吻合的，但实际上，方鸿渐之所以无法在三闾大学如鱼得水，是因为他还有一些最基本的知识分子操守，或者说最基本的做人的操守。高松年、李梅亭、汪处厚，这些人在那里舍得出来么？

《围城》的直接时代背景是1937年及以后的若干年，正是中国遭受日本帝国主义侵略的时期。但要理解《围城》，必须追溯到近代特别是鸦片战争以来，中国在帝国主义列强大炮军舰之下，被迫地却历史性地开始了与世界的接触，中华民族的古老文明与西方文明开始了前所未有的交锋、碰撞、冲突以至交汇、融合。这种文化现象在一大批留学生的身上具体地、活生生地体现出来，因而具有值得解剖的典型意义。

作为一个学贯中西的大学者，钱钟书必然地要从文化上来认识"围城"的精神困境，从而产生深刻的孤独感和荒诞感，在全书的结束部分，方鸿渐在经历了教育、爱情、事业和家庭（婚姻）的失败后，这样感叹：在小乡镇时，他怕人家倾轧，到了大都市，他又恨人家冷淡，倒觉得倾轧还是瞧得起自己的表示。就是条微生

中国小说

21

虫，也沾沾自喜，希望有人搁它在显微镜下放大了看。拥挤里的孤寂，热闹里的凄凉，使他像许多住在这孤岛上的人，心灵也仿佛一个无凑畔的孤岛。

这里已经明显地引入了存在主义哲学的人生感叹。但这种文化困境、精神困境，却是发生在衰微积弱的老大中国与近现代资本主义文明的剧烈冲突中的，于是我们看到了这样一幅令人深省的画面：经过一家外国面包店，橱窗里电灯雪亮，照耀各式糕点；窗外站一个短衣褴褛的老头子，目不转睛地看窗里的东西，臂上挽个篮，盛着粗拙的泥娃娃和蜡纸粘的风转。

还有全书结尾处那只著名的祖传老钟，作为结婚礼物，方鸿渐的爸爸送给儿子、儿媳的宝贝钟，每小时"只慢7分钟"的"很准"的钟，这会儿已经是慢了5个钟头的钟。这个时间落伍的计时机无意中包含对人生的讽刺和感伤，深于一切语言、一切啼笑。

有些西方批评家说《围城》写了西方文化影响下中国知识分子的精神危机，也有中国批评家说表现了西方现代文明在中国的失败，从而证明了资本主义文明不能救中国的主题。这些都有一定的道理，但钱钟书似乎并不是采取非此即彼的立场，他更着力于嘲讽伪文化人的可笑、可怜和可耻，更多的是要写出中西文化冲突中的尴尬、窘迫和困境。而从更广阔的

文化意义上来体会，《围城》更主要的是写"围城"困境，其艺术概括和思想意蕴超出了狭隘的个人经验、民族的界限和时代的分野，体现了作者对整个现代文明、现代人生的深入思考，也凝结着作者对整个人类存在的基本状况和人类的基本根性的历史反思。

"袋装书大帝"的传奇——《卫斯理系列》

倪匡，原名倪亦明，后改名倪聪。原籍浙江镇海，1935年出生于上海，1957年到香港。做过工人、校对、编辑，自学成才，成为专业作家。他写作面十分广阔，众体皆备，小说则包括侦探、科幻、神怪、武侠、言情各种。写作速度也十分惊人，曾同时为12家报纸写连载。他写了30年，一个星期写足7天，每天写数万字。最令人称奇的，是他可以写30年而灵感不断，题材不尽，且是畅销的保证。江湖中人更戏称他为"袋装书大帝"。他自称"自有人类以来，汉字写得最多的人"。武侠小说以《六指琴魔》为代表，想象奇特；也曾在金庸出国期间代其写《天龙八部》（连载）。但真正让他名扬天下的是他缔造的科幻小说《卫斯理系列》。

倪匡是个怪人，做事往往出人意

表。他不懂驾驶，但迷上研究汽车时，曾经独个儿把一部汽车拆散后再装回原状。他至少有两次遇鬼经验，坚信灵魂的存在与不灭。早年时还经历过"狐仙显圣"，因此，至今仍然认为不同的生物在通过所谓的修炼，是可以让身体产生结构上的变化，就会成人成仙。传闻他曾在东北看见过外星人，所以他的科幻小说才这么出色。在自己所有作品中他最喜欢的作品是卫斯理系列《寻梦》，其次是《黄金故事》。

《卫斯理系列》以卫斯理为笔名，也是以卫斯理为第一人称叙述。据倪匡自己所说，他是乘车经过香港湾仔区大坑道时，看见了卫斯理村的门牌，因此得到主角名称的灵感。卫斯理简直就是倪匡本人的化身，他们的性格相似，有些经历也是亦真亦幻。从 1985 年许冠杰主演的《卫斯理传奇》开始，近 20 年的时间里，倪匡的《卫斯理》小说系列被改编成无数部电影电视，其中不少就直接冠名"卫斯理"。

卫斯理随身戴着一枚紫晶戒指，围住腰际的并不是皮带，而是一条白金丝软鞭，这是他的个人标志。他为人暴躁，好管闲事，极度主观，敢尝试一切不可知的事物，充满正义感，不平则鸣，因此结交了很多朋友，同时亦得罪很多人。卫斯理少年时期的经历记载在《少年卫斯理》一书中。

卫斯理在书中描写他出生在一个富有的大家族里，卫斯理的爷爷是一家之主，人称卫老太爷。至于卫斯理的父母，人们所知不多，猜测可能早逝，只知道他们留下一间进出口公司，卫斯理挂着董事长的虚衔，并由一位十分精明的经理管理，所以卫斯理基本上不用工作，可以专心冒险。

卫斯理的乳名叫"斑鸠蛋"，是因为他童年时在田野中找斑鸠蛋，却被一条大蜈蚣在脸上爬过，肿着脸回到家中，涂上了黑色的药膏，从那个时候起，一直到他脱离了童年，人家只叫他"斑鸠蛋"。

倪匡的小说气氛逼人、情节诡异、构思奇巧。小说的数量超过 300 本。1962 年，他的第一篇小说名为《钻石花》，在金庸主编的《明报》副刊连载。至第四篇小说《蓝血人》起，卫斯理系列小说正式走向科幻系列。《蓝血人》一书于 2000 年入选"二十世纪中文小说一百强"，成为倪匡科幻小说的代表作之一。1972 年，卫斯理系列小说《新年》发表后，倪匡暂停卫斯理系列小说的创作，时间长达 6 年。1978 年，卫斯理系列小说《头发》发表，被评为最受香港青年欢迎的小说。倪匡此后又回到了科幻小说的创作道路上。

倪匡对小说的理念是"小说只分两种——好看的与不好看的"，小说的主体是创作意念，至于情节安排则各凭功力。他认为作家的责任是写出的作品让读者废寝忘食。

中国小说

追随永恒的力作——《草房子》

曹文轩，1954年1月生于江苏盐城农村。1974年入北京大学中文系读书，后留校任教。儿童文学委员会委员，中国作家协会鲁迅文学院客座教授，中国少年写作的积极倡导者、推动者。长篇小说有《山羊不吃天堂草》、《草房子》、《红瓦黑瓦》、《根鸟》、《细米》等。有人评价他的作品是"追随永恒的力作"。作品大量被译介到国外，《红瓦黑瓦》、《草房子》以及一些短篇小说分别翻译为英、法、日、韩等文字。获宋庆龄文学奖金奖、冰心文学大奖、国家图书奖、德黑兰国际电影节"金蝴蝶"奖，2004年获得国际安徒生奖提名奖。

《草房子》写的陆鹤是一个秃顶的孩子。"秃鹤在读三年级之前，似乎一直不在意他的秃头。这或许是因为他们村也不光就他一个人是秃子，又或许是因为秃鹤还太小，想不起来自己该在意自己是个秃子。"随着日子的流逝，三年级的陆鹤突然感觉到了自己的秃顶是同学们"戏弄"的对象。自尊心受到了伤害，他为此做出了反常之举。他用"不上学了"逃避同学异样的眼光，用生姜擦头希望在七七四十九天后长出头发来，用戴帽子企图遮掩自己的秃头。为了维

护自己的尊严，他竟然嘲讽屠夫丁四，把那"用二斤肉交换摸一下他秃头"的二斤好肉甩得远远的。当这些都使自己陷入更"糟糕的境地"时，他索性在广播操比赛这样的重大时刻，把自己头上的帽子甩向了天空，导致全校的广播操失控，而错失了"第一"的荣誉。"就这样，陆鹤以他特有的方式，报复了他人对他的轻慢与侮辱。"

即使陆鹤用这样严重的错误来报复别人对他的侮辱，孩子还是纯真的。他希望通过非常的举动来得到大家的认可，得到大家的尊重。可喜的是，他还是有着强烈的集体荣誉感，当学校的文艺演出缺少一个秃头的演员时，他毛遂自荐，毅然站出来，承

《草房子》封面

担起了这个重要的角色，而且把这个角色演得一丝不苟，活灵活现。当演出成功后，"油麻地小学的师生只管沉浸在胜利的喜悦之中，而他们忽然想到秃鹤时，秃鹤早已不见了"，他独自来到了河边，"桑桑听到了秃鹤的啜泣声"，那是收获的喜悦，那是成功的泪水！他在演出中感悟到了：只有为集体做好事才能得到大家的认可，得到大家的尊重。同学们看到他哭了，"纸月哭了，许多孩子也都哭了"。

每一个孩子的心都是纯真的，他们有时候"忍不住地笑"、"厌恶的眼神"也并不可能包含真正的"恶意"，那是纯洁的"恶"，那是高尚的"丑"！我们大人从孩子的世界中体验到了什么是真，什么是纯。

纸月，一个美得让人忍不住有保护欲望的女孩。她一出场，作者并没有写她的美。"当时正有着秋天最好的阳光，鸽群从天空滑过时，天空中闪着迷人的白光。这些小家伙，居然在见了陌生人之后，产生了表演的欲望，在空中潇洒而优美地展翅、滑翔或作集体性的俯冲、拔高与穿梭。"鸽子为什么要表演呢？是不是被纸月的美而陶醉了呢？一定的！纸月，正如她的名字，是一个易碎品。纸月的一手好字、纸月的掉眼泪、纸月的笑声、纸月的温柔、纸月的沉默、纸月的倔强……都给桑桑带来了莫名的感觉，他也在悄悄地变化："突然向母亲提出他要有一件新褂子"，"吃饭

没有吃相，走路没有走相，难得安静的桑桑，似乎多了几分柔和"，"我们家桑桑，怎么变得文雅起来了"，这一切在作者的笔下描写的是如此的真实，又如此的唯美。

"自从桑桑被宣布有病之后，纸月的目光里就有了一种似有似无的惊恐与哀伤。她会在人群背后，悄悄地去看桑桑"，纸月隔不了几天，就去桑桑家的院子，或送鸡蛋，或送蔬菜。"那天，桑乔背着桑桑从外面回来时，恰逢下雨，路滑桥滑。纸月老远看到了艰难行走着的他们，就冒着雨，从操场边的草垛上拔下了一大抱稻草，将它们厚厚地铺在容易打滑的桥上"，在悄无声息地关心着桑桑，把那种说不清楚的情感用默默的行动表达了出来。

虽然纸月是个私生女，但是在孩子们的眼中，并不影响纸月的善良与美好。孩子的世界是纯真的，我们大人从孩子的眼中体验到了什么是美，什么是善。而细马是一个领养来的孩子，在一个陌生的世界里：陌生的村庄、陌生的学校、陌生的同学、陌生的语言，他感觉到了被别人排挤，无法适应新的生活。在新的生活面前，他选择了逃避。他拒绝和同学交谈，选择了与羊为伍，开始了自己的放羊生活。但是孩子的内心深处还是希望与同伴交流的。当他能听懂当地的方言时，他用笨拙的"骂人和打架"，希望得到别人的"招惹"，以宣泄他

中国小说

对在教室里读书孩子们的嫉妒。虽然他本能地抵触他的养父母，计划着有一天逃离这个地方，但真正坐上离开油麻地的车后，"将脸转过去看邱二爷。他看到邱二爷的眼睛潮湿着站在秋风里，一副疲意而衰老的样子。细马还发现，邱二爷的背从未像今天这样驼，肩胛从未瘦得像今天这样隆起，脸色也从未像今天这样枯黑——枯黑得就像此刻在秋风中飘忽的梧桐老叶"。"细马将脸转过去哭了"，车开出一个小时后，他下车了，又投入了养父母的怀抱。当养父母家的房子被水淹没后，养父病逝，养母受不了一连串的打击而疯了，细马毅然地挑起了这个家，承担起了照顾养母的责任，从他的行动中我们看到了他的成熟与自信。孩子的世界是纯真的，我们大人从孩子的行动中体验到了什么是忧伤，什么是勇气。

杜小康的生活更有戏剧性的变化，从"油麻地家底最厚实的一户人家"，"竟在一天早上，忽然一落千丈，跌落到了另一番境地里"，引以为豪的"大红门"还是被人扛走了，小小的孩子确实承受得太多太多。一个整天穿着干干净净的孩子，过着无忧无虑、有求必应的生活，他的生活受到孩子们的羡慕：优异的学习成绩，口袋里有各种各样的零食，能够骑着罕见的自行车穿梭于孩子们的游乐场。这样的孩子，肯定是孩子们的"孩子王"，享受着至尊无上的地位，

即使做游戏也往往是"将军"、"司令"的领袖人物。但是，天有不测风云，优裕的生活竟在一夜间毁了，因为父亲的失误，致使这个孩子的优越感全失。孩子不适应是肯定的，但是，还是勇敢地承受了。陪父亲在荒无人烟的地方放鸭失败后，父亲垮了，但是孩子却勇敢地站了起来，继承父业，在学校门口摆起了小摊。孩子的世界是纯真的，从孩子的行动中，我们明白了如何面对挫折和灾难，体验到了什么是责任、什么是力量。

在《草房子》中随处可见清新至美的景物描写："那茅草旺盛地生长在海滩上，受着海风的吹拂与毫无遮挡的阳光的曝晒，一根一根地都长得很有韧性。阳光一照，闪闪发亮如铜丝，海风一吹，竟然能发出金属般的声响"。比喻、拟人修辞方法的运用，把茅草的美感质感性情鲜活地呈现在读者面前。

"这时，似乎有点清冷的月亮，高高地悬挂在光溜溜的天上，衬得夜空十分空阔。雪白的月光均匀地播撒下来，照着泛着寒波的水面，雾气袅袅飘动，让人感到寂寞而神秘。月光下的村子，既像在白昼里一样清晰可辨，可一切又都只能看个轮廓：屋子的轮廓、石磨的轮廓、大树的轮廓、大树上乌鸦的轮廓。巷子显得更深，似乎没有尽头。"为小伙伴们游戏提供了一个多么美妙的环境。多么皎洁的月光，多么神秘的世界，多么美好

的童年!

"太阳暖融融的,满地的紫云英正蓬蓬勃勃地生长,在大地上堆起厚厚的绿色。其间,开放着的一串串淡紫色的小花,正向四下里散发着甜丝丝的气味,引得许多蜜蜂在田野上嗡嗡欢叫。"一个生机盎然的春天!在这样的背景下,蒋一轮和妻子来到了田埂上,预示着二人世界走过了漫长的严冬。

像这样的景物描写随处可见,随着一幅幅画面的打开,把我们带入了一个个如诗如画的境界。这是美的享受、情感的熏陶、品位的提升。

《草房子》字里行间融入了作者的悲悯情怀。不论是少年(陆鹤是个秃子,纸月是个私生女,杜小康遭到了家庭的变故,细马是个领养儿,而主人公桑桑大病一场差点儿死去)还是成年人(桑乔以当过猎人而自卑,蒋一轮和白雀爱情的阴差阳错,白雀的母亲不知下落,蒋一轮由于推戚小罐而惹祸,温幼菊父母双亡还是个药罐子,秦大奶奶是誓死保护自己土地的寡妇),人人都不那么完美,人人都让我们心惊。正是这种缺憾,强烈地撞击着读者的灵魂,产生恒久不变的艺术魅力。

曹文轩在《草房子》自序的《追随永恒》中提出了自己的创作主张:如何使今天的孩子感动?"生离死别、游驻聚散、悲悯情怀、厄运中的相扶、困境中的相助、孤独中的理解、冷漠中的脉脉温馨和殷殷情爱……"这些文学永恒的元素,感动过从前的孩子,也依然能够感动今天的孩子。

广受好评的悬念力作——《天眼》

景旭枫,北京人,曾在外企供职多年,后弃商从文,其代表作《天眼》获新浪第四届原创文学大奖赛金奖、最佳悬念奖、影视改编大奖三项奖项,并被改编为26集电视连续剧《国家宝藏之觑天宝匣》。

《天眼》写的是东北抗联时期,著名抗日队伍崔二侉子部队得知鬼子正在盗掘皇太极陵,于是带领弟兄,历经千难万险,终于成功阻止了鬼子的行动。

为了保护国家文物,崔二侉子等人将皇陵内所有财宝转移,但就在他们揭开皇太极尸骨脸上的黄金面罩时,发现头骨双眼之上的额头正中,竟然还有一个孔洞,也就是传说中的"天眼",崔二侉子大惊。同时,他们也发现,这座墓似乎并不像一座皇陵!

留下殿后的崔二侉子被侦破这起盗墓案的伪满警察萧剑南抓获,得知被抓之人是名满关东的崔二侉子,萧剑南舍弃身家性命,毅然救出了他,并护送崔二侉子回山。

两人赶到山上才得知,参与行动、进过皇陵的弟兄已经有数人神秘

中国小说

景旭枫（左）与演员高虎

死亡，神秘的死亡还在继续着，就在两人回山的几天内，又有数人莫名其妙死于非命。侦探出身的萧剑南临危受命，历经千难万险，终于成功揪出隐藏的日奸。

事情应该就此结束了，可是，神秘的死亡事件并没有因此而停止，兄弟们几乎崩溃了，而萧剑南也一筹莫展。就在这时，山寨遭到日军清剿，崔二侉子将萧剑南打昏藏在山洞里，开始与鬼子拼命，由于寡不敌众，整座山寨全军覆没，竟没有一个人逃脱。

其后六十多年的时间里，侥幸逃生的萧剑南用了一生时间试图寻找到这件事情的真相，直到萧剑南临终，这件事情被他的孙子萧伟得知。

萧伟与好友高阳、赵颖开始展开调查，历经千辛万苦，其中包括寻找到崔二侉子的后人崔闯，找到当年崔二侉子留下的口诀，由此寻找到当年的盗洞入口，进入皇陵，取到头骨进

行痕检测试。终于，萧伟成功替祖父破解了这个六十多年的谜团，所有的神秘事件都找到了科学合理的答案：

原来，山上神秘死去的兄弟，除了自然死亡之外，相当一部分是被当年混到山上的日奸所杀，而最后死去的几人，谁都不可能想到，竟然是崔二侉子在梦游状态下杀死的。一连串的神秘死亡，加重了本就迷信的崔二侉子内心恐惧，梦游状态下，他潜意识希望自保的念头，促使他杀害了自己的弟兄。崔二侉子自己最终知道了真相，但当他准备自杀谢罪的时候，被大哥拦住，这时鬼子开始攻山，崔二侉子与鬼子拼命而死。

至于那座陵墓，其实并不是皇太极的帝陵。尸骨头上的天眼，萧伟等人推测是外伤所致，但这时候事情却开始不对劲了，先是痕检报告显示，头骨上的孔洞，是中正式步枪在300米的距离直接贯穿头骨造成的，一个400年前的人，怎么会中"枪"？

就在这时传来消息，一起进入过墓道的崔闯在回家的路上莫名其妙地死去，神秘的诅咒似乎已经降临到他们的头上，萧伟几近崩溃。

失魂落魄的萧伟在街上突然被一伙神秘人物绑架到皇陵。原来，一切的神秘事件，竟然就是潘家园一伙文物贩子瘸三在幕后捣鬼。萧伟曾经拿着盒子向瘸三咨询过，瘸三根据盒子，查到了整件事情的来历，试图偷盗当年兄弟留在墓中没带走的财宝。

萧伟在帮助匪徒们开启墓道机关时，巧妙利用机关，将歹徒关在墓道中，在最后的搏斗中，萧伟发现子弹经天花板反弹，打死匪徒。至此，真相大白，原来那只头骨上的天眼，也是当年山寨弟兄进入墓室时开枪走火，子弹经天花板反弹打入棺木形成的。

事情终于了结，萧伟与赵颖到俄罗斯参观一个文物展览。在展览会上两人看到了当年墓中头骨上所带的那只黄金面罩，但是黄金面罩上，却根本没有弹孔！

故事的终点似乎又回到了起点……

小说大量涉及真实的史实，许多早已失传的民间绝技，诸如中国古代机关、盗术、开锁、盗墓等等，整部小说结构庞大、逻辑严密，环环相扣，精彩纷呈。

《天眼》不是一本历史小说，更不是一本单纯的推理小说，它承载着多方面的内涵。发表后，得到各界人士的广泛好评。

海岩说，《天眼》这部贯穿了大量真实史料的小说写得很好看，曲折的情节既在意料之中又超乎想象，很符合读者求新求奇求变的心理，堪称为一部佳作。整部小说，除了好看的因素外，其中对于亲情、友情、爱情、家庭的探讨，国家与民族、正气与正义的探讨，正是对人性中永远不变的情德的探讨。这是小说创作的主脉，也是一部作品的魂。作者恰到好处地把握着这条主脉打磨出了这部好作品。

毕淑敏说，《天眼》以其独具匠心的故事情节、庞大而缜密的逻辑结构，以及对中国传统文化的展示，从众多优秀作品中脱颖而出。事实上，这部优秀的推理小说所反映的社会与现实问题并不比所谓的"纯文学"作品浅。《天眼》涉及一系列的社会、心理、历史、药理、法学以及对传统文化如盗墓、锁术等各方面的知识，这需要作者具有丰富的社会知识、超胆识的想象力和足够的生活体验。这也是《天眼》为何取得成功的要素之一。

白烨说，《天眼》这部作品目前达到了一个深度、力度，我觉得关键是，它是一部有中国风格的推理小说，它跟我们所看到的都不一样，并不是一种科技型的纯粹的推理，而是内涵了很多中国的、本土的、民间的混合文化，包括它有关开锁技术的探讨，非常的厚重，非常的有风格。《天眼》这部作品看了以后觉得很吃惊，觉得这部作品达到的高峰，标志着推理小说创作方面目前达到的一个制高点。

中国小说

外国小说

批判现实主义开山之作——《红与黑》

司汤达（1783—1842），他以准确的人物心理分析和凝练的笔法而闻名。他被认为是最重要和最早的现实主义的实践者之一。最有名的作品是《红与黑》（1830 年）和《帕尔马修道院》（1839 年）。

《红与黑》是一本饮誉不衰的经典小说，是 19 世纪欧洲批判现实主义文学的开山之作。

小说的主人公于连是一个年轻人。他出身贫贱，却野心勃勃，从小就向往成为拿破仑式的人物。他19 岁时被市长聘为家庭教师，与市长夫人私通，事情败露，被迫到神学院攻读。以后因具有过人的才干，被拉莫尔侯爵延为私人秘书，与侯爵的女儿玛蒂尔德发生恋情，并订了婚，他在军队中的前途也正在被看好。正当他青云直上之际，市长夫人在教会的怂恿下，写信给侯爵揭发他昔日旧事，他在激愤之下，向市长夫人举起了枪……

于连是木匠的儿子，自小痴迷于读书，生性忧郁，身体文弱，常常被粗野的父亲和两个哥哥殴打。他有着惊人的记忆力，过目不忘，能整篇文章地倒背如流；精通拉丁文，能整部地背诵拉丁文《圣经》。

司汤达

他有着一张"又白又嫩的脸孔"，一双"又大又黑的眼睛"，还有"一头漂亮的卷发"以及"少女似的容貌"。他是一个漂亮、容易令女性钟情的年轻人。

18岁时，于连就有着非凡的抱负："谁想得到，这个貌似少女、温和柔顺的白面书生，竟有不可动摇的决心，不怕九死一生，也要出人头地呢?""他神魂颠倒地梦想着：有朝一日，他会进入美女如云的巴黎社交界；他会用光辉的成就博得她们的青睐。"

他心中崇拜的偶像是拿破仑。拿破仑本是个既不出名、又没有钱的中尉，居然用剑打出了一个天下。于连也渴望像拿破仑那样，凭着自己的本事飞黄腾达，在这个世界上取得成功。

他企图通过自己的卓越才干，通过自己的个人奋斗，去赢得自己应当得到的地位和荣耀——这一要求和希望是极为合理、极为正当的。但是，他所面对的、与之斗争的，是整个上流社会。代表着统治阶级的市长、侯爵、诺列娃等人，不能容忍于连这样一个来自社会底层的年轻人爬上高位，进入上流社会。

于连有着坚强的个性、不凡的谈吐、聪明的头脑、渊博的学识、深刻的思想和美丽的容貌；他高傲，自尊心很强，还惊人地勇敢——这一切，是他的资本，帮助他赢得了市长夫人和侯爵女儿的疯狂爱情，使他得以一步步地向上爬。

他实现其个人野心的手段，正是通过征服女人而征服世界。他与市长夫人的私通、与侯爵女儿玛蒂尔德的爱情，都成为他平步青云的阶梯。

于连生不逢时、怀才不遇，只好不择手段地向上爬。司汤达对他的悲剧命运，倾注了满腔同情。在于连的形象中，可隐约看到作者的影子。司汤达是一个相貌丑陋的人，有过刻骨铭心的恋爱。也许是为了心理上的某种补偿吧，他把于连写成一个外貌完美的人。

特殊的环境，创造了于连这个人物。他一生的主要生活环境是唯利是图的维立叶尔市、地狱般的神学院、阴谋与伪善的巴黎。于连是一个英雄，也是一个野心家。他向往拿破仑时代，因为只有在乱世中，一个青年才能凭自己的才干青云直上。

他不满贵族，鄙夷暴发户，反对昏庸无能的高官显宦。他对"不合理的社会满怀愤慨"，憎恨资产阶级的"污秽财富"，蔑视贵族阶级"合法的权威"，甚至幻想假如自己当了维立叶尔的市长，一定会让公道、正义得到伸张。于连扮演了"一个叛逆的平民的悲惨角色"，成了"一个跟整个社会作战的不幸的人"。

而就在他扶摇直上之际，市长夫人写了"揭发信"，侯爵因此解除了他和玛蒂尔德的婚约，他锦绣的前程毁于一旦。在愤怒之下，于连枪击市

外国小说

《红与黑》封面

长夫人，他被判处死刑，以 23 岁的灿烂年华，慷慨赴死……

有人这样评论于连："他心目中只有一种道德，那就是：肯定自己的价值，维护自己的尊严。他为了肯定自己的价值去恋爱，为抗议对自己的侮辱而杀人，最后为保持自己的尊严而拒绝乞求赦免……总之，于连的全部心灵都体现着一种以个人为核心的思想体系。"

自古以来，不能忍辱者，少有大作为。韩信能忍"胯下之辱"，故能成一世英名。"忍一忍，风平浪静；退一步，海阔天空。"年轻人血气方刚，最需要的是一个"忍"字。于连表面上看是被上流社会打败的，实质上是被他自己打败——他的致命弱点是不能"忍"。他的不能隐忍、他

的过分自尊，迫使他失去理智地举起了枪。被拘禁后，他又拒绝别人的救援，慷慨赴死——似乎轰轰烈烈颇为悲壮，其实不是一个真正战士的作为。杜牧评项羽之死写道："江东子弟多才俊，卷土重来未可知。"用在于连身上，鉴于他非凡的才干，也是"卷土重来未可知"的，奈何轻易赴死！

《红与黑》的成功，得益于入木三分的心理刻画。此书的特点就是细致入微的描写。这是一本令人想要一口气读完的长篇小说，有很多名言警句，充满着哲理性的分析，故事情节惊心动魄。于连功败垂成，是一个悲剧人物。

《红与黑》是一部悲剧小说，其震撼力正在于它是悲剧。到目前为止，《红与黑》的中译本有多种，几乎每个书店都有这本书。

浪漫主义的里程碑——《巴黎圣母院》

维克多·雨果（1802—1885）是19世纪浪漫主义文学运动领袖，人道主义的代表人物，被人们称为"法兰西的莎士比亚"。

《巴黎圣母院》是第一部大型浪漫主义小说。它以离奇和对比手法写了一个发生在 15 世纪法国的故事：巴黎圣母院副主教克洛德道貌岸然、

蛇蝎心肠，先爱后恨，迫害吉卜赛女郎埃斯梅拉达。面目丑陋、心地善良的敲钟人卡西莫多为救女郎舍身。小说揭露了宗教的虚伪，宣告禁欲主义的破产，歌颂了下层劳动人民的善良、友爱、舍己为人，反映了雨果的人道主义思想。

维克多·雨果

小说《巴黎圣母院》艺术地再现了400多年前法王路易十一统治时期的真实历史：宫廷与教会如何狼狈为奸压迫人民群众，人民群众怎样同两股势力英勇斗争。小说中的反叛者埃斯梅拉达和面容丑陋的残疾人卡西莫多是作为真正的美的化身展现在读者面前的，而人们在副主教克洛德和贵族军人福比斯身上看到的则是残酷、空虚的心灵和罪恶的情欲。作者将可歌可泣的故事和生动丰富的戏剧性场面有机地连缀起来，使这部小说具有很强的可读性。小说浪漫主义色彩浓烈，且运用了对比的写作手法，是运用浪漫主义对照原则的艺术范本。

丑聋人卡西莫多被巴黎圣母院的神父克洛德收养，做撞钟人。外貌正经的克洛德神父自从遇见美丽的吉卜赛少女埃斯梅拉达后，被其美色所诱而神魂颠倒，指使卡西莫多强行掳走埃斯梅拉达，途中埃斯梅拉达被福比斯骑兵上尉队长所救，因而爱上了福比斯。但福比斯生性风流，被怀恨在心的克洛德刺杀，但没有死，并嫁祸于埃斯梅拉达，令她被判死刑。行刑时，卡西莫多将埃斯梅拉达救走并藏身于圣母院中，乞丐群众为救埃斯梅拉达而冲入教堂，误与卡西莫多大战，埃斯梅拉达被由克洛德带领的军队冲入圣母院所杀，卡西莫多愤然将克洛德从教堂顶楼摔落地下，最后卡西莫多抚着埃斯梅拉达的尸体殉情。

在阅读这本书的过程中可以感受到了强烈的"美丑对比"。书中的人物和事件，即使源于现实生活，也被大大夸张和强化了。在作家的浓墨重彩之下，构成了一幅幅绚丽而奇异的画面，形成尖锐的、甚至是难以置信的善与恶、美与丑的对比。

埃斯梅拉达是巴黎流浪人的宠儿，靠街头卖艺为生。她天真纯洁，富于同情心，乐于救助人。因为不忍心看见一个无辜者被处死，她接受诗

外国小说

人甘果瓦做自己名义上的丈夫，以保全他的生命；看见卡西莫多在烈日下受鞭刑，只有她会同情怜悯，把水送到因口渴而呼喊的敲钟人的唇边。这样一个心地善良的女孩，竟被教会、法庭诬蔑为"女巫"、"杀人犯"，并被判处绞刑。作者把这个人物塑造成美与善的化身，让她心灵的美与外在的美完全统一，以引起读者对她的无限同情，从而产生对封建教会及王权的强烈愤恨。

至于副主教克洛德和敲钟人卡西莫多，这是两个完全相反的形象。克洛德表面上道貌岸然，过着清苦禁欲的修行生活，而内心却渴求淫乐，对世俗的享受充满妒羡，自私、阴险、不择手段。而卡西莫多，这个驼背、独眼、又聋又跛的畸形人，从小受到世人的歧视与欺凌。在埃斯梅拉达那里，他第一次体验到人心的温暖，这个外表粗俗野蛮的怪人，从此便将自己全部的生命和热情寄托在埃斯梅拉达的身上，可以为她赴汤蹈火，可以为了她的幸福牺牲自己的一切。

这种推向极端的美丑对照，绝对的崇高与邪恶的对立，使小说具有一种震撼人心的力量，能卷走我们全部的思想情感。这也许正是浪漫派小说的魅力所在。

在《巴黎圣母院》中，作者以极大的同情心描写了巴黎最下层的人民、流浪者和乞丐。他们衣衫褴褛、举止粗野，却拥有远远胜过那个所谓有教养、文明的世界里的人的美德——互助友爱、正直勇敢和舍己为人的美德。小说中巴黎流浪人为救出埃斯梅拉达攻打圣母院的场面，悲壮、激烈、慷慨、惊心动魄。

作为浪漫主义文学的里程碑，这部小说最明显的标志之一，是雨果把善恶美丑作了鲜明的对比。但这种对比却不是按传统的方式将美与善，丑与恶分别集中在两类不同的人物身上，或是根本回避丑怪的一面，而是让他们互相交错：外表美好的，其内心未必善良；外表丑陋的，其内心未必不美，未必不善。

巴黎圣母院，威严赫赫，以其不朽的智慧，在它存在迄今八百多年中，默默注视着滚滚河水、芸芸众生，曾经是多少人间悲剧、人间喜剧的见证！在雨果的这部小说中，它仿佛有了生命的气息，庇护埃斯梅拉达的美德，证实克洛德的罪行，悲叹众路好汉尝试打击黑暗统治而英勇献身的壮举，惊赞卡西莫多这"渺不足道的微粒尘芥"把一切豺狼虎豹、一切刽子手踩在脚下的侠义行为；它甚至与卡西莫多合为一体，既是这畸形人灵魂的主宰，又是他那怪异躯壳的依托。在雨果的生花妙笔下，它活了起来，同时也以它所铭刻、记述并威武演出的命运交响曲增添了伟大作家的光辉。美丽的巴黎圣母院是哥特建筑艺术的珍品。雨果早在少年时代就对建筑艺术——尤其是哥特建筑艺术有浓厚的兴趣，及至青年时代，他至少进行了三年的准备，熟悉中世纪的法国社会，特别是屡次亲身钻进圣母院的旮旮旯旯，同时广泛阅读有关资料，掌握了法国人引以为荣的这座建筑物所有的奥秘，就于 1830 年 7 月着手写稿。他在那两座巍峨高耸的钟楼之一的黑暗角落，发现墙上有这样一个中世纪人物手刻的希腊词：命运！说是这个支配人类的命运，事实上支配那愚昧时代一切人的黑暗之力亦即魔鬼，它无所不在的宿命寓意深深打动了作者。

确实，《巴黎圣母院》这本书就是为了叙说"命运"一语而写作的。伟大的人道主义者雨果寻求的是命运的真实内涵。无论是克洛德，还是卡西莫多，他们归根到底是社会的人，他们内心的分裂、冲突，反映的是他们那个时代神权与人权、愚昧与求知之间，庞大沉重的黑暗制度与挣扎着的脆弱个人之间的分裂、冲突，终于导致悲剧中一切人物统统死光的惨烈结局。我们在这部巨著中看见的命运，就是在特定环境即中世纪的法国首都，愚昧迷信、野蛮统治猖獗的那个社会之中，发挥其横扫一切的威力。

《巴黎圣母院》之所以作为一部浪漫主义代表作，正是由于作者力求符合自然原貌，刻画中世纪的法国社会真实生活，以卓越的手法和浪漫的形式，依据动人的情节发展，提炼、凝聚在这部名著中而呈现出它们的生动面貌和丰富蕴含，这是一部愤怒而悲壮的命运交响曲。

伟大的批判现实杰作——《欧也妮·葛朗台》

巴尔扎克是 19 世纪法国伟大的批判现实主义作家，欧洲批判现实主义文学的奠基人，是一位具有浓厚浪漫情调的伟大作家，以崇高深刻的思想创作出博大精深的文学巨著。他的生活趣事层出不穷，而作品更被誉为"法国社会的一面镜子"。在他逝世时，文学大师雨果曾站在法国巴黎的蒙蒙细雨中，面对成千上万哀悼者慷慨激昂地评价道："在最伟大的人物中间，巴尔扎克是名列前茅者；在最优秀的人物中间，巴尔扎克是佼佼者。"

巴尔扎克一生创作 96 部长、中、短篇小说和随笔，总名为《人间喜剧》，其中代表作为《欧也妮·葛朗台》《高老头》。100 多年来，他的作品传遍了全世界，对世界文学的发展和人类进步产生了巨大的影响。

《欧也妮·葛朗台》是欧洲文学史上第一部全面而深刻地揭示资本主义社会里程碑式的作品。法国著名文艺批评家皮埃尔·马尔贝也曾说过："巴尔扎克小说真正定型是从《欧也妮·葛朗台》开始的。"

的确，《欧也妮·葛朗台》是巴尔扎克的代表作，他是《人间喜剧》

外国小说

巴尔扎克塑像

中"最出色的画卷"之一，是巴尔扎克创作的一次飞跃。这部小说在人物塑造、环境描写、故事叙述等方面取得了惊人的成就，它震撼了每一位读者，在世界的文学史上具有独特的魅力。

这部小说能成为一部杰作，除了由于语言精美生动，细节描写精彩独到，情节紧凑，布局严密之外，更是由于作者创造了一些有血有肉的人物形象，葛朗台老头这个守财奴的形象更是深入人心。这部代表作描写了资产阶级暴发户发家的罪恶手段，作者深刻揭露了资产阶级的贪婪本性与资本主义社会的罪恶，从而塑造了葛朗台老头这样一个举世闻名的吝啬鬼的形象。

小说中，欧也妮在父亲对金钱的贪婪下失去了自己的爱情，损耗了自己的青春，最终却等来了发财归来的负心汉。欧也妮命运是可悲的，而其父葛朗台更为可悲。且不说他的贪财行为，就其人生而言，显得很浮躁而过于"平淡"，他仿佛就是为了金钱而存在于这个世上，也因为金钱而从这个人生中消逝。一切仿佛是过眼云烟，也只有和他有过金钱交易的还带有一点记忆吧。

作者在塑造人物形象时，让主人公葛朗台的一言一行都绕着"金钱"这个轴心转，正如文章一开头就写到"看见金子，占有金子，便是他的执着狂"，"好一个金子般的天气"。

巴尔扎克的辉煌艺术的最高成就，是他的人物塑造。据说，巴尔扎克在塑造人物形象时，把自己的全部思想感情都灌注了进去，怪不得他的笔下，每一个人物都不只有一副空壳，他们是有血有肉有灵魂的。与世界上任何一个伟大的作家相比，巴尔扎克的人物画廊显然具有更大的规模与更充实的内容。在葛朗台身上，几乎他的每一句话，每一个动作以及作者对他的介绍，都使人们看到了资产阶级的贪婪吝啬、虚伪狡黠，俨然一个守财奴的形象。

文学形象是文学典型的高级形态之一，文学典型的艺术魅力，应当来自性格显示的一种生命的魅力。这种"生命的魅力"，首先在于典型人物的生命所呈现的斑斓色彩，即性格侧面的丰富和多彩。文学典型呈现的精神是如何丰富，往往会令读者叹为观止。正如葛朗台这个露骨的吝啬鬼，守财奴的形象表现出了巨大的艺术魅力，在他身上揭示了一个金钱武装的时代，一个丑恶虚伪的时代。

作者还善于捕捉生动的人物动作，让葛朗台进行充分、淋漓尽致地表演，从而揭露出极其贪婪、极其吝啬的性格特点。小说在写葛朗台看到查理留给女儿的那个金匣子时，他的"身子一纵，扑向梳妆匣，好似一只老虎扑上一个睡着的婴儿"。

《欧也妮·葛朗台》封面

一提起小说《欧也妮·葛朗台》，我们便会首先想起被称为"世界四大吝啬鬼"之一的葛朗台。他贪婪、狡猾、吝啬，金钱哲学就是他的人生信条。然而不容忽视的是作者还刻画了他身边的三个女人葛朗台太太、欧也妮、拿侬。她们没有受到金钱的腐蚀，仍保留着那颗纯真、善良的心。她们的纯洁与把金钱看得比命还重的葛朗台形成了鲜明对比。如果说作者想通过葛朗台一生吝啬的极力渲染来揭露资本主义社会中人与人之间赤裸裸的金钱关系的话，那么作者对三个女人的描写，便是对金钱左右着一切的社会另一种形式的控诉，她们是被金钱吞噬的无辜的牺牲品。而欧也妮更是作者心目中的理想女性，她不漂亮，但很健康，她对爱情有着执着的追求，温柔、勤劳，她有着传统女性的阴柔美，也有着一丝女性的觉醒意识——对爱情的追求，虽然失败了，但她的一生，仍具有一种残缺的美。"苦难的崇高与伟大，要由她来担受，幸运的光华都与她无缘。"——这就是欧也妮一生的切实写照。

她并不符合现代女性美的标准，甚至用现代眼光来看，她是丑陋的，只是在当时的情况下，她至少可以说不丑。高大健壮，没有一般人喜欢的那种漂亮，但是她的美是一望而知的，而且艺术家会倾倒的：她脑袋很大，前额带点儿男相，可是很清秀，像菲狄阿斯（希腊大雕刻家）的丘比特雕像，贞洁的生活使她灰色的眼睛光芒四射；鼻子大了点，可是配上朱红的嘴巴倒是很合适；满是纹缕的嘴唇，显出无限的深情与善意；脖子是滚圆的，遮得密不透风的胸部，惹起人家的注意和幻想；恬静、红润的脸颊，光彩像一朵盛开的花，使你心神安定，感觉到它那股精神的魅力。

葛朗台死后，欧也妮接管家业，被自己深爱的查理遗弃，并嫁给了德·篷风。德·篷风死后，"上帝把大堆的金子丢给被黄金锁缚的女子，而她根本不把黄金放在心上，只在向往天国，过虔诚慈爱的生活，只要一些圣洁的思想，不断地暗中援助受难的人。"

"她有痛苦的崇高伟大，有灵魂并没被尘世玷污的人的圣洁"，"熄火的日子也照旧她年轻时代的老规矩。她的衣着永远跟当年的母亲一样"……她把所有的收入都谨谨慎慎地积聚起来，办了不少公益事业。她最终也落入了母亲的顺从和父亲的吝啬的俗套，只是她心中还有温情，但还是逃脱不了人间利益的盘算。成堆的黄金的捆缚她的锁链，金钱冷冰冰的光彩，使她再次与世隔绝。庆幸的是，"这女子的手抚慰了多少家庭的隐痛。她夹着一连串善行义举向天国前进"。

欧也妮"到了三十岁，还没有尝到一点儿人生乐趣"，"对她，财富既不是一种势力，也不是一种安慰，她只能靠着爱情，靠着宗教，靠着对前途的信心而生活。爱情给她解释了永恒。"她对爱情有着执着的追求，可是到头来只是一场空。有家财万贯又怎样？她的第一次也是仅有的一次爱情，成为她今生永远的痛。所以，

从某种意义上说，她的一生具有一种残缺的美。

在这阴暗的小天地中，欧也妮的形象显得特别美丽明亮，但是这颗明星注定要黯淡下去。然而，在作家对欧也妮形象的描述中，我们也感到了巴尔扎克作品中少有的抒情气氛，它是那样浓郁，那样感人，所以读罢小说，掩卷遐思时，那垛长着野花的旧墙，那个狭小的花园以及树荫下那条曾聆听纯情恋人山盟海誓的长凳，仍使我们在浩叹之余感到一丝温馨。

引人入胜的侠士小说——《三个火枪手》

亚历山大·仲马是法国作家，通常为了要明确地区别他与儿子仲马，而称他为大仲马。1802 年出生于巴黎北边的一座小城所威烈尔科多雷，其父是一名混血儿，曾是拿破仑旗下一颇负盛名的将军。虽然他勇猛而果敢，却因与拿破仑意见不合而自认怀才不遇，年仅 44 岁即撒手人寰。

大仲马自幼便体会到生活的困苦，除了读与写之外，最厌恶求学，而热衷于剑术及射击训练。少年时期，靠狩猎度日。15 岁即任职于公证人事务所，同时因受到朋友的影响，而研读小说学、语言学，并关心着戏剧。他以《安多妮》迈出浪漫戏剧派的第一步而一跃成为剧坛权

大仲马

威。于是他接二连三地发表了一连串戏剧作品，直到不再广受欢迎，便改写小说。1844 年，他发表了《三个火枪手》而声名大噪，继而完成《基督山伯爵》等小说。大仲马的所有作品大都在与他人合作之下完成的，如《三个火枪手》是与马盖携手完成的，因此，他被冠上"仲马制造工厂"的绰号，备受谴责。但是天真烂漫的他，充耳不闻，他为了追求唐璜式的磊落生活，慷慨解囊，不仅兴建豪华别墅，同时设立剧院、创刊报纸从事革命，甚至作了一趟穷奢极侈的旅行等等，他所过的日子可谓传奇性的生活。这种发自善良的奢侈习惯，因事业上的失败与放荡不羁的生活，使得财力日益薄弱，但是，精力过人的他却毫不以为意，依旧过着如痴如醉梦幻般的生活。他终于因积劳而染患中风，于是他叩了儿子家的

门。他诙谐地说："我到你家来死啦!"1870 年，他那"巨人的生活"结束了。

《三个火枪手》是以 17 世纪初期法国国王路易十三和手握重兵、权倾朝野的首相黎塞留红衣主教的矛盾为背景，穿插群臣派系的明争暗斗，围绕宫廷里的秘史轶闻，展开了极富趣味的故事。书中的主人公少年勇士达达尼昂，怀揣其父留给他的 15 个埃居，骑一匹长毛瘦马，远赴巴黎，希望在同乡特雷维尔为队长的国王火枪队里当一名火枪手。在队长府上，他遇上阿托斯，波托斯和阿拉米斯三个火枪手，经过欧洲骑士风行的决斗，四人结成生死与共的知己。

国王路易十三、王后安娜·奥地利和首相黎塞留三分国权，彼此有

外国小说

三个火枪手
SAN GE HUO QIANG SHOU

《三个火枪手》封面

隙。国王对达达尼昂几次打败首相部下暗自褒奖，而首相却怀恨在心。恰逢安娜·奥地利王后的旧情人英国白金汉公爵对她情丝未断，王后便以金刚钻坠相赠以表怀念。主教遂利用契机设陷，向国王屡进谗言，要国王派人组织宫廷舞会，让王后配戴国王送给她的那条金刚钻坠以证虚实。王后眼见舞会日期逼近，惶然无计，幸得心腹侍女波那瑟献计设法，请达达尼昂帮忙相助。达达尼昂对波那瑟一见钟情，相见恨晚，便不顾个人安危，满口答应，在三个朋友的全力支持下，四人分头赴英。经过一路曲折离奇的磨难，唯有达达尼昂如期抵达，向白金汉说明原委，及时索回金刚钻坠，解救了王后的燃眉之急，粉碎了红衣主教的阴谋诡计。

红衣主教黎塞留对安娜·奥地利也早已有意，但一直未获王后垂青。于是他妒火中烧，移恨于情敌白金汉公爵，利用新旧教徒的矛盾引发的法英战争，妄图除掉白金汉公爵以解心头之恨。为达此目的，他网罗一批心腹党羽，其中最得力的亲信便是佳丽米拉迪。此女人天生丽质，艳若桃李，但却两面三刀，口蜜腹剑，心狠手辣，毒如蛇蝎。达达尼昂为其美貌所动，巧构计谋，潜入内室，诱她失身。就在云雨交欢之中，达达尼昂偶然发现米拉迪肩烙一朵百合花，那是当时欧洲女子犯罪的耻辱刑迹。她隐藏数年的机密暴露，对达达尼昂恨之入骨，

几次设陷阱暗害，但均未成功。

在以围困拉罗舍尔城为战事焦点的法英对垒中，黎塞留和白金汉公爵各为两国披挂上阵的主帅。黎塞留暗派米拉迪赴英作卧底，乘机行刺白金汉公爵，米拉迪提出以杀死达达尼昂为交换条件。她一踏上英国的土地，即被预先得到达达尼昂通知的温特勋爵抓获，遂遭其软禁。囚禁中，她极尽卖弄风骚和花言巧语之能事，诱惑了温特勋爵的心腹看守费尔顿，后者自告奋勇救米拉迪出狱，并侥幸刺死了白金汉公爵。米拉迪在归法途中，巧进修道院，找到了受王后派人庇护的达达尼昂的情妇波那瑟，将她毒死。达达尼昂、阿托斯、波托斯、阿拉米斯四位朋友昼夜兼程，苦苦追踪，会同温特勋爵和一名刽子手，终于在利斯河畔抓到企图潜逃比利时的米拉迪。六位仇人齐讨共诛，揭开了米拉迪的老底：原来她早已遁入空门，但她不甘青春寂寞，诱惑了一个小教士与其同居。因败坏教门清规，教士身陷囹圄，她也被刽子手——小教士的胞兄烙下了一朵百合花。教士越狱逃跑，携带米拉迪私奔他乡，刽子手因受株连入狱，替弟顶罪。在异乡，米拉迪嫌贫爱富，又抛弃了小教士，和当地一位少年拉费尔伯爵结婚，弄得后者倾家荡产后又弃他而去。拉费尔伯爵恨之切切，便化名阿托斯投军，进了国王火枪队，以慰失恋受骗之苦。米拉迪逃到英国，骗取

温特勋爵之爱成婚，并生有一子。但为了独占丈夫及兄弟之遗产，她又谋害了第二任丈夫。她罪恶累累，天怒人怨，当即在利斯河畔被杀正法。至此，达达尼昂、阿托斯、波托斯、阿拉米斯、温特勋爵和刽子手各自都报仇雪恨，了却夙愿。

黎塞留得知在心腹米拉迪遇害一事中，达达尼昂是主谋，便命亲信罗什福尔将他捉拿。达达尼昂不卑不亢，坦言相陈，明示原委。黎塞留见他视死如归，义勇无双，少年有为，深为感动，非但不加罪，反而擢升其为火枪队副官。阿托斯、波托斯、阿拉米斯三人或归乡里，或娶媳妇，或皈教门，萍飘絮飞，全书就此结局。

《三个火枪手》是一部历史小说，但作者大仲马不拘泥于历史，在此基础上添加自己丰富的想象力，使它成为一部引人入胜的侠士小说，至今仍为人们所喜爱。

快意恩仇录——《基督山伯爵》

《基督山伯爵》讲述的是：19 岁的大副爱德蒙·邓蒂斯因船长在半途病故，他便成为船长的最佳人选。同船的庶务员邓格拉斯因嫉妒，而伙同斐南特想阴谋诬陷邓蒂斯为拿破仑派来的间谍，向官方告密。于是，邓蒂斯在订婚喜宴中被逮捕，而阴谋者之一的代理检察官维尔福，更将邓蒂斯遣往马赛海岸外的伊芙堡。他在狱中结识了一名老囚犯法利亚长老，而且从这位长老口中，揭开了这桩阴谋。于是，他的心中一边燃烧着复仇的念头，一边过着不知日月的牢狱生活。狱中，长老不仅对他灌输教育，同时告诉他宝藏埋藏在基督山群岛的秘密。当神父去世时，他随即冒充为尸体而侥幸越狱，同时也顺利地获得巨大的财富。之后，他化名返回故乡。

由于历经 14 年的岁月，此时他的父亲早已饿死，而他的恩人莫雷尔船东正面临破产的危机。另外，邓格拉斯一跃成为大银行家及男爵；而斐南特也将梅尔雪德丝占为己有，同时成为陆军中将莫锡尔伯爵；维尔福更晋升为首席检察官。这些人不仅飞黄腾达，更移居巴黎。由于父亲的惨死更加深了邓蒂斯的仇恨，他满怀复仇的念头，并以憎恨的意念、庞大的财力以及神父的教诲为武器，化妆成布卓尼神父维莫尔卿以及船员辛巴达、基督山伯爵等人神出鬼没。他不仅向恩人莫雷尔伸出援手，同时，计划着对三人的报复行动。

知名于巴黎社交界的基督山伯爵，在丝毫不露痕迹的状态下，将三者的家人一并卷入复仇计划中，使他们莫名地感到自己逐渐陷入绝境。于是，他揭穿了莫锡尔伯爵在西班牙战争时的卖国行为，而获知有关邓蒂斯秘密的伯爵夫人梅尔雪德丝也携子弃

外国小说

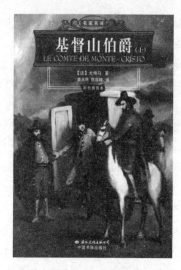

《基督山伯爵》封面

他而去。同时，梅尔雪德丝也因邓蒂斯奇迹似地出现，在苦闷之中萌生短见。另外，维尔福除了亲人接二连三地遭到毒杀之外，又因昔日谋杀自己私生子的罪行被诉，在获悉那是邓蒂斯所施展的报复手段之后，几近崩溃。邓格拉斯也因中了邓蒂斯的圈套，面临破产，更因遭盗贼挟持，充分体会到饥饿的痛苦和恐怖，于是他终于屈服在爱德蒙·邓蒂斯的面前。当整个复仇计划完成之后，邓蒂斯解救了无辜的莫锡尔之子与夫人，同时让维尔福的女儿和莫锡尔之子完婚。之后，他便留下巨额的财产前往海的另一端了。

爱德蒙·邓蒂斯原是一名纯真、善感的青年，不料却因世事的转变，使得脸上蒙上苍白与阴郁，额头也刻画出艰苦卓绝的皱纹，而那双足以猜透他人心思的眼睛，那张发出冷嘲声音的傲慢嘴唇，以及那毫不泄露情感的表情，在完美的礼节与教养之下，综合而成为基督山伯爵。他为了洗刷夺走父亲和自己青春的怨恨，以庞大的财力为武器，进行一连串冷酷的报复行动。

所有复仇故事中的主角，尚未有人具有如此完美的条件与魅力，而邓蒂斯这名字也因此成为复仇者的代名词。虽然他一心一意于复仇，但是，其手段并不流于卑鄙或残酷，因为他不希望自己的双手沾满血腥。他曾为对方的亲人卷入是非之中而烦恼，即使对方是仇人之子，他也会因为对方的无辜而伸出援手，这种大快人心的正义感，也正好摆脱了令人轻蔑的黑暗面。

因为大仲马善于毫无错误地把握大众的梦想，并且精密地加以组合，然后以爆炸性的情节和令人激动的浪漫气息来描述富于曲折感的挑战性作品而获得读者的追捧。在大仲马诸如此类的作品中，以此书和《三个火枪手》最为著名，当时巴黎的居民甚至为拥有这两本引人入胜的巨著而疯狂。

洗涤心灵的一泓净水——《约翰·克利斯朵夫》

罗曼·罗兰（1866—1944），法国思想家、文学家，法国批判现实主义作家、音乐评论家和社会活动家。

他的长篇小说杰作《约翰·克利斯朵夫》，被高尔基称为"长篇叙事诗"，被誉为 20 世纪最伟大的小说。这部巨著共 10 卷，以主人公约翰·克利斯朵夫的生平为主线，描述了这位音乐天才的成长、奋斗和终告失败，同时对德国、法国、瑞士、意大利等国家的社会现实，作了不同程度的真实写照，控诉了资本主义社会对艺术的摧残。全书犹如一部庞大的交响乐，每卷都是一个有着不同乐思、情绪和节奏的乐章。该小说于 1913 年获法兰西学院文学金奖，由此罗曼·罗兰被认为是法国当代最重要的作家。1915 年，为了表彰"他的文学作品中的高尚理想和他在描绘各种不同类型人物所具有的同情和对真理的热爱"，罗兰被授予诺贝尔文学奖。

这是一部震撼人心的小说。每一个读过这部小说的人，都会被小说中体现出来的人类灵魂的潮涌所激荡。因为，这又不仅仅是一部小说，它也是一部人类的心灵史。面对心灵的激情、抗争、挫伤与创造的欲望，既会让年轻人热血沸腾，也会使成人们抖一抖满身尘埃，照出苍茫尘海的无聊与猥琐。

作者罗曼·罗兰，被誉为"欧洲的良心"。这部书是他"献给各国的受苦、奋斗，而必战胜的自由灵魂"的。他希望这部书能够成为读者在人生考验中一个"良伴和向导"。正是在自由灵魂与俗世抗争的过程中，人类精神才得以提升起来。因此我们在目睹心灵的悲剧的时刻，我们往往更能够执著于那悲剧中的坚持——这样的坚持，是人的高贵精神无论战胜或战败而始终不曾消逝的原因所在。

克利斯朵夫是一个音乐家，他审视着真实的刹那，渴望在虚伪、庸俗的泥沼中将这真实宣叙出来，因此他也就承受了巨大的苦难。似乎苦难正是伟大艺术的酵母，没有这样的酵母，艺术便只能卑微地匍匐在沉寂的大地上，鸣发出种种无聊的呻吟。生命的伟力也只能在这呻吟声中萎靡下去。克利斯朵夫怀着一种受难的情怀，坚持着他的战斗。

人间常常是充满谎言的，因为谎言会使人们感到某种祥和。生存在谎言之中的人类，可以安享着既有的一切，而不必踏入真实的荆棘中去追寻和开创什么。庸俗的生活往往也最轻松，只要不去怀疑，日子便会在他人的生涯里悄然流过，自己的生命不再有痕迹，像南风拂过四月的晨昏，不会有北风卷地的惊心。

克利斯朵夫在与庸俗、谎言战斗的过程中，感到了孤独。读者在面对这部丰富和博大的心灵史书时，是否也感到了孤独与渺小呢？郁勃的浩叹和自觉的渺小交织而来，有痛苦、有欢欣，有疾俗的忧愤、有意气的飞扬。这是一部激励人心的书，也是一

外国小说

部洗净人心的书。红尘中碌碌奔忙，心头上积了厚厚的尘垢，唯有灵魂的净水，才能洗拭它，而《约翰·克利斯朵夫》，正是这样一泓净水。

风靡世界的冒险小说——《鲁滨逊漂流记》

丹尼尔·笛福（1660—1731），英国小说家，英国启蒙时期现实主义小说的奠基人，被誉为"英国小说之父"。笛福出生于伦敦，父亲营屠宰业，信奉不同于国教的长老会。他受过中等教育，但没有受过大学古典文学教育。他在学习当牧师多年后，才发觉自己并不适合宗教生活，因此转而选择了经商。他广泛游历，经商也很成功。在此期间，他成了家，开始了养家糊口的生活。1692 年，他的生意失败了，32 岁的笛福负债累累，同时还要养活妻子和 6 个孩子。由于对政治一直有较浓厚的兴趣，他开始为报社撰写政论文章来谋生。因为这些文章经常抨击国王和执政党，结果，笛福数次入狱，在监狱里待了不少年。由于政论文章只能给他惹麻烦并增加债务，笛福只好转向小说创作。1719 年，年近 60 岁的笛福发表了第一部小说，后来该小说成为世界上著名的冒险小说之一——《鲁滨逊漂流记》。

这部小说是笛福受当时一个真实故事的启发而创作的。1704 年 9 月一名叫亚历山大·赛尔科克的苏格兰水手在海上与船长发生争吵，被船长遗弃在南美洲大西洋中的安·菲南德岛上，四年后当他被救回英国时已成了一个野人。赛尔科克在荒岛上并没有作出什么值得颂扬的英雄事迹，但笛福塑造的鲁滨逊完全是个新人。英国著名作家笛福以赛尔科克的传奇故事为蓝本，把自己多年来的海上经历和体验倾注在人物身上，并充分运用自己丰富的想象力进行文学加工，使"鲁滨逊"成了当时中小资产阶级心目中的英雄人物。

小说写的鲁滨逊出身于一个体面的商人家庭，渴望航海，一心想去海外见识一番。他瞒着父亲出海，第一

《鲁滨逊漂流记》封面

次航行就遇到大风浪，船只沉没，他好不容易才逃出保住性命。第二次出海到非洲经商，赚了一笔钱。第三次又遭不幸，被摩尔人俘获，当了奴隶。后来他划了主人的小船逃跑，途中被一艘葡萄牙货船救起。船到巴西后，他在那里买下一个庄园，做了庄园主。他不甘心于这样的发财致富，又再次出海，到非洲贩卖奴隶。

船在途中遇到风暴触礁，船上水手、乘客全部遇难，唯有鲁滨逊一个人幸存下来，只身飘流到一个杳无人烟的孤岛上。他用沉船的桅杆做了木筏，一次又一次地把船上的食物、衣服、枪支弹药、工具等运到岸上，并在小山边搭起帐篷定居下来。接着他用削尖的木桩在帐篷周围围上栅栏，在帐篷后挖洞居住。他用简单的工具制作桌、椅等家具，猎野味为食，饮溪里的水，度过了最初遇到的困难。

他开始在岛上种植大麦和稻子，自制木臼、木杵、筛子，加工面粉，烘出了粗糙的面包。他捕捉并驯养野山羊，让其繁殖。他还制作陶器等等，保证了自己的生活需要。虽然这样，鲁滨逊一直没有放弃寻找离开孤岛的办法。他砍倒一棵大树，花了五六个月的时间做成了一只独木舟，但船实在太重，无法拖下海去，只好前功尽弃，重新另造一只小的。

鲁滨逊在岛上独自生活了17年。一天，他发现岛边海岸上都是人骨，生过火，原来外岛的一群野人曾在这

《鲁滨逊漂流记》插图

里举行过人肉宴。鲁滨逊惊愕万分，此后他便一直保持警惕，更加留心周围的事物。直到第24年，一群野人又来到岛上，并带着准备杀死、吃掉的俘虏。鲁滨逊发现后，救出了其中的一个。鲁滨逊把被救的土人取名为"星期五"。此后，"星期五"成了鲁滨逊忠实的仆人和朋友。接着，鲁滨逊带着"星期五"救出了一个西班牙人和"星期五"的父亲。不久有条英国船在岛附近停泊，发现船上的水手发生了叛乱，绑架了船长，把船长、船副等三人抛弃在岛上，鲁滨逊与"星期五"帮助船长制服了那帮水手，夺回了船只。他把那帮水手留在岛上，船长带着鲁滨逊、"星期五"等离开荒岛回到英国。此时鲁滨逊已离家35年。他在英国结了婚，生了三个孩子。妻子死后，鲁滨逊又

外国小说

一次出海经商，路经他住过的荒岛，这时留在岛上的水手和西班牙人都已安家繁衍生息。鲁滨逊又送去新的移民，将岛上的土地分给他们，并留给他们各种日用必需品，满意地离开了小岛。

"鲁滨逊"是西方文学中第一个理想化的新兴资产者形象。他表现了强烈的资产阶级进取精神和启蒙意识。书中的名言"害怕的心理比危险本身还要可怕一万倍"给人极大启迪。

这部小说一问世就风靡英国，情节引人入胜、真实具体、亲切自然，叙事语言通俗易懂，是一部雅俗共赏的杰作，真让人不忍释卷。小说从出版至今，已出了几百版，几乎译成了世界上所有的文字。据说，除了《圣经》之外，《鲁滨逊漂流记》是出版最多的一本书。该书被誉为英国文学史上的第一部长篇小说，成了世界文学宝库中一部不朽的名著。

流浪汉小说杰作——《匹克威克外传》

狄更斯（1812—1870）是英国继莎士比亚之后对世界文学产生巨大影响的小说家。代表作有《匹克威克外传》（1837年）、《雾都孤儿》（1838年）、《老古玩店》（1841年）、《马丁·朱述尔维特》（1844年）、《大

狄更斯

卫·科波菲尔》（1850年）、《艰难时世》（1854年）、《双城记》（1859年）、《远大前程》（1861年）等。狄更斯所生活的年代，英国资本主义经济发展迅速。经济繁荣的同时，现实的阶级矛盾也逐渐加深，统治阶级疯狂追求利润，工人们失业无家可归。狄更斯从人道主义出发，呼吁统治者在追求个人利益的同时，不能剥夺劳动人民的权利，劝诫统治者要做有道德、有良知的人。

《匹克威克外传》是一部流浪汉小说体裁的作品，写老绅士匹克威克带领以他本人命名的俱乐部的三位成员——年迈多情的特普曼、附庸风雅的史拿格拉斯和纸上谈兵的文克尔走出伦敦，到英国各地漫游。小说情节以匹克威克等人在旅途的见闻和遭遇

展开，一些故事虽然有相对的独立性，但是故事的进展又能自然地衔接起来，这正适合以分期连载的形式发表。作者的艺术构思和发表形式决定作品的某些艺术特征。这也表明《匹克威克外传》的创作还深受英国18世纪流浪汉小说的影响。

《匹克威克外传》的情节大体上有四条线索：房东巴德尔太太状告匹克威克毁弃婚约；山姆·维勒的父亲同骗吃喝的伪善牧师史得金斯的纷争；俱乐部几位成员的爱情故事；匹克威克和山姆·维勒主仆同流氓金格尔的冲突。全书以最后一条线索贯穿始终，金格尔因受到匹克威克的道德感化最后改邪归正，形象地宣扬了善良战胜邪恶的道德信条。

在匹克威克和他的俱乐部成员一行出游途中不仅有许多令人忍俊不禁的滑稽故事的精彩描述，而且以喜剧的手法对法官、律师、法庭、监狱、议会、选举等作了深刻的揭露和无情的嘲讽。小说中对田园生活的描写带有理想的浪漫色彩，是作者心中向往的不受封建压迫和资产阶级剥削的人间乐园，反映作者心目中古老的美好的英格兰；而对尔虞我诈的城市生活的讽刺和谴责，正表现了作者对当时社会制度弊端的认识和愤懑。

作者怀着鲜明的爱憎，运用引人入胜的讲故事的写作技巧和精彩无比的喜剧手法，成功地塑造了不同性格的人物。匹克威克和他的俱乐部成员

虽然是有产者，但作者没有赋予他们本阶级的恶习，却予以平民阶层的习性，都循规蹈矩地遵守道德原则。匹克威克在出行途中陷入多重困窘的境地，作品极力渲染他的天真、幼稚、不懂生活，处处碰壁。匹克威克总是好心肠办坏事，到处吃亏出洋相，在屡遭挫折的情况下仍保持乐观开朗的性格，让人觉得可笑，又逗人喜爱。作者不仅给正面人物都敷上一层喜剧色彩，而且对反面人物和丑恶形象也都采用喜剧的艺术手段，加以夸张、漫画化，令人看到他们可鄙又可笑，达到尖刻嘲讽和愤怒谴责的艺术效果。

小说中凡写到与法律有联系的人，不是被金钱收买，就是罪犯。匹克威克被一心想嫁给他的房东巴德尔太太莫名其妙地起诉与虚乌有的毁弃婚约，匹克威克因拒付赔偿费入狱，而律师由于因此无法从赔偿费中拿酬金，就把巴德尔太太也抓进监狱。这真是极其荒诞不经的审判。对于暗无天日的监狱中的场景和人物的描绘，让人觉得那简直是人间地狱。这些荒诞的情节是对法庭和监狱的极端挖苦和嘲讽。书中还绘声绘色地描绘了伊倾斯威镇荒谬绝伦的选举场面，镇上两个敌对的党派在竞选国会议员时相互攻击，弄得镇上居民也兴奋到发狂的境地，结果在选民中晕病大流行，许多人毫无知觉地躺在人行道上。对于资产阶级两党制和民主选举如此丑化漫画化，是对当时英国政治制度最

外国小说

辛辣的嘲讽。

《匹克威克外传》在英国文学上最主要的贡献是最早以当代现实生活为创作素材，并把平民当做小说的主人公。小说描写当时社会生活的各种场景，如街道、广场、客店、旅馆、公寓、别墅、学校、法庭、监狱等，肯定当代生活素材的美学价值。人物方面有马车夫、穷学生、仆人、流氓、狱吏、房东、牧师、绅士、律师、主笔、政客、法官等，几乎描绘出当时社会上不同阶层的人物。匹克威克虽然是位老绅士，但他不谙世事、助人为乐，是作者有意把他塑造成仁慈和博爱的典型，客观上他具有小人物的品格，是平民的化身。匹克威克的仆人山姆·维勒在书中占重要位置。他出身贫苦人家，是在城市下层人民中混出来的，社会大学堂造就他通晓世故，一次次为他的主人解围，充分表现出机智多谋、勇敢干练。他们主仆一愚一智，相映成趣，不仅添加许多笑料，而且更重要的是使作品增强艺术感染力。

狄更斯是一位十分关注社会问题的作家，他这第一部长篇小说虽然写了许多滑稽的冒险故事，不同阶层的读者都赞赏这部雅俗共赏的小说，甚至一度出现过"《匹克威克外传》热"，但它不是供人消遣的闲书，而是具有丰富而深刻内涵的严肃文学作品。这部小说所以能畅销至今，是因为它植根于现实生活，书中尽管宣扬善良终归战胜邪恶的道德理念，但看不到抽象的说教，作者的道德理念渗透到天才的多姿多彩的艺术世界，使作品的思想性和艺术性达到高度的统一。

今天我们阅读《匹克威克外传》，不仅可以增长对19世纪上半叶英国社会和世态习俗的认识，而且可以在这部既妙趣横生又蕴含社会真理的不朽名著中得到高度的艺术享受。

教育部《普通高中语文课程标准》指定书目

匹克威克外传

狄更斯 著
蒋天佐 译

世纪出版集团
上海译文出版社

《匹克威克外传》封面

女权图腾柱——《简·爱》

《简·爱》是英国19世纪著名的女作家夏洛蒂·勃朗特的代表作，是一部带有自传色彩的长篇小说。它阐释了这样一个主题：人的价值＝尊严＋爱。《简·爱》中的简·爱人生追求有两个基本旋律：富有激情、幻想和反抗、坚持不懈的精神；对人间自由幸福的渴念和对更高精神境界的追求。这本小说的主题是通过对孤女坎坷不平的人生经历，成功地塑造了一个不安于现状、不甘受辱、敢于抗争的女性形象，反映一个平凡心灵的坦诚倾诉的呼号和责难，表现一个"小写"的人想成为一个"大写"的人的渴望。

夏洛蒂·勃朗特

《简·爱》的独特之处不仅在于小说的真实性和强烈的感染力，还在于小说以浓郁抒情的笔法和深刻细腻的心理描写，展示了男女主人公曲折起伏的爱情经历，塑造了一个不屈于

世俗压力、独立自主、积极进取的女性形象。她蔑视权贵的骄横，嘲笑他们的愚蠢，表现出自强自立的人格和美好的理想。小说表达出的思想，即妇女不甘于社会指定她们的地位而要求在工作上以及婚姻上独立平等的思想，在当时是不同凡响的，对英国文坛也是一大震动。

一百多年来，《简·爱》的影响不衰，作家、评论家对它的热情不减，它至今仍然是广大读者喜爱的书。

夏洛蒂·勃朗特似乎是一位精通读心术的女巫，她的杰作《简·爱》带有浓厚自传气息，给读者的印象宛如一根昂然矗立的女权图腾柱。

翻开《简·爱》烫金的封面，便感到书中的反抗气息像开启了瓶盖的啤酒瓶口喷出的二氧化碳般扑面而来。幼年的简被欺凌、被侮辱的灵魂在挣扎抗议，戴着良母面具的里德太太像披着人皮的毒蝎，用其钳子与毒刺撕扯、蜇咬孤立无助的简，而简在此时表现出的耿直与倔强像头气冲冲伸头顶人的发疯的小山羊，让读者看到了一个极有骨气的灵魂被魔鬼拉扯着，但灵魂最终挣脱了魔爪，并扇动已残破的翅膀在阳光下飞翔。可以说《简·爱》这部作品在序幕中就被勃朗特奠定了总体的耿直、反抗的基调。

随着情节的发展，简离开盖茨海德府到洛伍德学校就读，由于这所学校条件十分艰苦外加简自身的天赋和努力，多年后简在洛伍德学校磨炼得德艺双馨。洛伍德学校像外表粗糙的珍珠贝一样，孕育了简这颗通体散发着贞洁、清新、正直、聪颖的光晕的珍珠。可以说简在洛伍德学校所受到的熏陶绝大部分来自知识和艺术，并且这种熏陶多年后最终升华为简的自尊自重、不卑不亢的气质。18 岁时的简，如同一株并不十分娇艳却散发着淡淡幽远的芳香的茉莉。

中国版话剧《简·爱》海报

简离开洛伍德学校到桑菲尔德任家庭教师一职时，遇到了罗切斯特先生。青年时代陷入一场骗局式的不幸婚姻中，那个疯狂、淫荡、奇丑无比的妻子像响尾蛇一样把罗切斯特心中的梦想与温情毁灭了。罗切斯特曾为了逃避梅都莎的注视，一度在极度堕落的生活烂泥淖中打滚。有一天他真

正嗅到简这株茉莉的沁心芳香，简的正直、纯洁、自爱、自尊、自重释放了罗切斯特先生在爱情炼狱中的灵魂，改变了他的爱情怀疑论，于是他不顾一切地追求着简，简也将自己置于跟他对等的地位，与之比翼双飞。罗切斯特这只渴望纯爱的蛾扑向简这个散发着贞洁与清纯光辉的烛，最后夜莺的歌声与饱含款款深情的热血终于催开简心头炽热的玫瑰。简在桑菲尔德府中无论对罗切斯特先生还是仆众乃至上流社会的贵公子与千金小姐都没有把自己的人格与尊严置于他们之上或下，简将自己与他人的人格与尊严放到天平上称出相等的重量，她毫不掩饰自己独立、自尊与倔强的天性，让读者对人性的深深敬意油然而生。

勃朗特竭尽全力用心血打造品性具有唯美风格的简，使简的品行几近完美无缺。在《简·爱》这部作品的序幕、发展、高潮中，主人公的反抗、纯洁、正直、朴实、自由、坚毅的个性都是各个重点章节的主旨，它们如同乌云上方闪耀的星辰，勃朗特将女性的这些品性置于至高无上的地位。

由于勃朗特写出了"灵魂只需要灵魂想听的东西"，以一个普通女人身份在她的作品中公开了自己的爱与憎，没有将私人爱憎"腌制"成自传自悲的"咸菜"，她间接地使自己的爱憎以"女权"的形式抬头，于

作品中"在连当时宪章运动都还没有提出男女平权思想的情况下,鲜明地描写了妇女不甘于社会指定给她们的地位而要求在工作上甚至婚姻上独立自主,热烈地为妇女的尊严与正当要求辩护",因此她的勇气与作品的思想政治意义很让中国传统的文学评论者赞赏。在《简·爱》这部作品中,读者稍加留心主人公的心理状态便不难发现她实际是个"极度关心其自由与内在完整"的存在主义者,简的生命活力与人格结构就是在挣扎、对峙、反抗与自珍自重中不断强盛丰满的。因此,《简·爱》这部杰作在某种意义上说简直是存在主义哲学的文学表现,夏洛蒂·勃朗特不愧被称做"英国女性存在主义文学的先驱"。

浪漫爱情悲剧——《呼啸山庄》

翻开世界文学史,可以发现这样一个现象:有的作家著述浩繁,以其博大精深的思想成为文坛巨人,如莎士比亚和列夫·托尔斯泰等;有的作家则把对生命和爱情的看法浓缩于一部作品里,凭一本书就名垂青史,奠定自己在文学史上的不朽地位。后者以女作家居多,艾米莉·勃朗特就是其中之一。

艾米莉生活于维多利亚时代。那个时代追求保守的道德准则,但是却造就了一大批具有反叛意识的伟大作家,尤其是女作家,除了勃朗特三姐妹,同时代的女作家还有简·奥斯汀、乔治·艾略特、盖斯凯夫人和伊丽莎白·勃朗宁等。可以这么说,19世纪初的英国,对外加紧海外扩张,对内则加强了精神生活的控制,而这种控制反过来又激起了作家们的激烈反抗。《呼啸山庄》就是带着一股荒原上的狂风闯进了死气沉沉的英国文坛的代表。

在阅读《呼啸山庄》的过程中,常常让人思索这样一个问题:这部书为什么被称为英国文学的经典名著?它既没有描绘波澜壮阔的历史画面,如雨果或歌德的作品;也没有表现复杂多变的社会生活,如狄更斯或吉卜林的小说。它只是叙述了发生在苏格兰北部荒原的一个略为夸张的复仇故事。

一个被从街头捡回来的孤儿希思克利夫,从小备受凌辱,唯独主人家的千金小姐凯瑟琳欣赏他身上的那份野性,长成少年的希思克利夫对凯瑟琳产生了强烈的爱情。可是世俗的等级观念毁灭了他的爱,那份强烈的爱变成了对外界社会强烈的恨,并进而变成了一个个残酷无情的复仇阴谋。所有的爱,所有的恨,最后都化作呼啸的狂风,掠过孤寂的坟头,吹向荒凉的原野……

等看完全书,你也许才逐渐明白了这部书的价值,同时也明白了真正意义上的文学具有怎样的价值。《呼啸山庄》描写的虽然只是一座北风呼啸的孤独的山庄，可正是在那样一个几乎与世隔绝的特定的环境里，个人的生存经受着最惨痛的考验，人性的尊严面临着最严峻的挑战，善与恶进行着你死我活的决斗。女作家以非凡的想象力和生命激情，把内心世界最为艰苦卓绝的生命历程和最为惨痛的心灵创伤呈现在我们眼前，让每一位善良而敏感的读者，无论是阿尔卑斯山脚的牧人，还是太平洋沿岸的渔夫，无论是白种人、黑种人，还是黄种人，读过之后都禁不住为之心跳，为之落泪。

希思克利夫无疑是小说中最重要的人物，理解了希思克利夫的复仇动机，也就理解了艾米莉内心的隐秘。希思克利夫的一生是苦难的一生：童年受尽屈辱，成年饱受压抑。他在小说中的形象也充满了苍凉的意味：衣衫褴褛的街头弃儿，树林中额头血迹斑斑的失恋者，暴风雨中教堂墓地里的掘墓人，茫茫荒原上随风游荡的孤魂……一部《呼啸山庄》里，每个人都演绎着悲剧。无论是林顿、小林顿还是哈里顿，也无论是伊莎贝拉还是小凯茜，我们都可以产生同情，可是对希思克利夫，却不是同情两个字就可以概括的。他的悲剧不是那种仅仅让人产生同情的悲剧，人们在同情他的同时，还会敬畏他。这就是希思克利夫与众不同的地方。

面对比自己强大无数倍的命运的力量，希思克利夫不是像大多数人那样听任摆布，而是凭自己坚强的意志奋起反抗，猛烈还击，向命运发起一次又一次无望的挑战。多少个雪花飘飞的黄昏，多少个寒风呼啸的夜晚，他独自行走在荒凉的原野上，苦苦追寻那已被命运无情粉碎的梦想。那种对爱情的至死不渝的渴求，对命运的不屈不挠的抗争和对苦难的欣然接受，都体现了一位悲剧人物的英雄特征。

一个30岁的未婚女子，能够把道德的虚伪揭示得如此深刻，把人性的弱点剖析得如此透彻，可见当时的社会生活是多么压抑，也可见艾米莉本人的精神生活并不幸福。我们无从知晓艾米莉的个人生活有过什么遭遇，但我们可以这么认为，艾米莉在希思克利夫身上倾注了她对男人的所有理解，也寄托了她对自然男性的无限向往。可以这么说，在某种程度上，希思克利夫的灵魂就是艾米莉的灵魂，希思克利夫对世界的看法就是艾米莉对世界的看法，因此，希思克利夫的内心悲剧不能不反映出艾米莉·勃朗特的内心悲剧。

侦探小说经典——《福尔摩斯探案集》

柯南·道尔（1859—1930），英

国杰出的侦探小说家、剧作家,毕业于爱丁堡医科大学,行医十余年,收入仅能维持生活,后弃医从文。

柯南·道尔

《福尔摩斯探案全集》共有四部长篇及 56 个短篇:第一部长篇小说《血字的研究》完成于 1886 年,隔年与其他作品合集出版于《比顿圣诞年刊》。作为一个小说家,柯南·道尔认识到他的主人公必须有一个陪衬人物出现。就这样,《血字的研究》便以华生医生的回忆形式来进行描写,为今后许多侧面的评论埋下伏笔。

《利平科特杂志》的编辑看到这篇小说后,邀请柯南·道尔继续写一篇关于福尔摩斯的侦探故事。1890年问世的《四签名》,客观上反映了英国对印度的殖民掠夺的现实,获得了巨大的成功。逐渐地,夏洛克·福尔摩斯立刻成为英国文学的著名人物。柯南·道尔连续写了 6 个短篇故事:《波宫秘史》、《红发会》、《身份案》、《博斯科姆比溪谷秘案》、《五个橘核》及《歪唇男人》。这些故事引起了人们的极大兴趣,产生了深刻的影响。《岸边杂志》邀柯南·道尔为他们写更多类似的故事,于是柯南·道尔开始写第二批故事。第二批也是 6 篇,连同第一批,在 1892 年汇编成《冒险史》。与此同时,《海滨杂志》也向柯南·道尔邀稿。1892 年以《银色马》为首的 12 个故事陆续发表,1894 年汇集成《回忆录》出版。

这时,柯南·道尔决定停止写作这类故事,因此在《最后一案》中,让福尔摩斯坠入深渊身亡。此举使读者哗然,有超过两万人取消订阅连载故事的《海滨杂志》,连他母亲也提出抗议。

1901 年,柯南·道尔听到一个朋友讲述达特摩尔的传奇,于是构思了一个家庭遭受一只鬼怪似的猎犬追逐的神奇故事,这就是 1902 年出版的第三部长篇《巴斯克维尔的猎犬》,这个作品成功唤起了读者和出版者对福尔摩斯归来的希望。1903年,44 岁的柯南·道尔终于在《空屋》中安排福尔摩斯归来,并完成12 个短篇,1905 年结集成《归来记》。《恐怖谷》是他第四部长篇,于 1915 年完成;1917 年结集的《最后致意》收录 8 个短篇,由于故事背

外国小说

福尔摩斯塑像

景充分结合了当时政经情况，推出后轰动一时，许多人甚至以为真有其人其事。1927 年发表的《新探案》是他晚年最后一部作品，共 12 个短篇。此后柯南·道尔"安排"福尔摩斯到"英国南部乡间隐居，专心研究养蜂事业了"。

作品合乎逻辑的推理引人入胜，结构起伏跌宕，人物形象鲜明，涉及当时英国社会现实。对于其艺术成就，英国著名小说家毛姆曾说："和柯南·道尔所写的《福尔摩斯探案全集》相比，没有任何侦探小说曾享有那么大的声誉。"柯南·道尔被称为"英国侦探小说之父"。

如今《福尔摩斯探案全集》仍是全世界最畅销侦探小说之一。它的影响长久而深远，它获得了各个层次读者的喜爱，直到现在仍然有无穷的

魅力。但是用传统的文学价值体系又很难把它放在一个与它的影响相称的地位上。根据生活中的表象与细节，运用想象与经验，以丝丝入扣、无懈可击的逻辑推理，得到一个可信而令人惊叹的结论，作者柯南·道尔把人类观察力与逻辑推理能力的巨大能量发挥到了极致。《福尔摩斯探案全集》电视剧于 1991 年 11 月 4 日在美国首次上映。

灵魂的救赎——《罪与罚》

陀思妥耶夫斯基，19 世纪群星灿烂的俄国文坛上一颗耀眼的明星，与列夫·托尔斯泰齐名，是俄国文学的卓越代表。有人说："托尔斯泰代表了俄罗斯文学的广度，陀思妥耶夫斯基则代表了俄罗斯文学的深度。"他所走过的是一条极为艰辛、复杂的生活与创作道路，他是俄国文学史上最复杂、最矛盾的作家之一。主要作品有《穷人》、《双重人格》、《脆弱的心》、《卡拉马佐夫兄弟》等多部小说，其中最具代表性和影响力的是《罪与罚》。

长篇小说《罪与罚》，是陀思妥耶夫斯基的代表作。小说的主人公拉思科里尼可夫是一个贫穷的大学生。他有一种独特的"理论"：人分为"平凡的人"和"不平凡的人"。"平凡的人"只是微不足道的"虱子"，

是"不平凡的人"为达到自己的目的的工具，可以超越一切道德和法律的约束，不择手段地去干坏事，甚至任意杀人。他认为，他的这种"理论"是自古以来就存在的一种"法则"。为了证明自己是"不平凡的人"，拉思科里尼可夫企图杀死一个放高利贷的老太婆。在行动之前，他的心里充满了激烈的思想斗争。这时，他与一个小官吏相识，看到他一家的贫困潦倒，他的女儿索尼娅也不得不以卖淫来维持一家的生活。同时，拉氏又收到他的母亲从家乡写来的信，得知他的妹妹在当家庭教师时所受到的种种侮辱，而且为了生活，被迫与一个自私、冷酷的资本家订了婚。这一切都似乎证明了他的"理论"的正确性：在资本主义制度下，"平凡的人"只能忍受各种痛苦和侮辱，他们的命运完全掌握在强者的手里。

拉思科里尼可夫不甘心成为这种"平凡的人"，决定按照他的"理论"行动。他杀死了放高利贷的老太婆；为了灭口，还杀死了老太婆的妹妹。一个大学生沉沦为杀人犯。他心神不宁，内心又展开了新的思想斗争。一方面，他可以随意杀人而成了一个"不平凡的人"；另一方面，他又感到这种"理论"的灭绝人性。他为了应付警察，不得不撒谎、欺瞒。他常从卑污醒醐的灵魂中，发现那永不熄灭的生命的希望的火花。

陀氏成为不幸者们的伟大的见证者。无论谁读了他的任一著作之后，都难免要感到一种难言的阴郁的寂寞。它使你的心头发热、发痛，使你流泪，这是举世的不幸者唯一的安慰。陀氏写了一部反映现代都市生活的伟大的《神曲》，但这里只有"地狱"，没有"净土"和"天堂"。他早年写的《二重人格》，可作他全部作品的一个注脚——他所写的主人公，几乎无一不是心灵的分裂者，永久苦闷，长期怀疑，内心不断地冲突斗争，成为他们一生的无限的惩罚。因此陀氏是心理描写的巨匠。

《罪与罚》的艺术特色：第一，作品充满哲理性。作家把主人公犯罪与受罚的问题提到哲学的高度加以探讨，让两种相互对立和冲突的人物思想围绕问题展开论争。第二，善于刻

《罪与罚》封面

外国小说

画人的心灵深处的奥秘。作家始终让人物处于无法解脱的矛盾之中，通过人物悲剧性的内心冲突，揭示人物的内心世界。为了更深层次揭示人物性格，作家还用了梦魇、幻觉和变态的心理描写等手法。第三，结构严谨，情节曲折，气氛紧张。作品主要写了主人公的犯罪受罚和新生，结构完整严谨。主人公激烈的内心搏斗和杀人场面都显得紧张。第四，场面转换快，场景推移迅速，主要情节是几天的事，但在浓缩的时空中却包含了丰富的思想内容。

俄国著名文学理论家巴赫金在陀思妥耶夫斯基的小说里发现了"复调现象"，这是相对于巴赫金称之为"单调"的样式而言的。在"单调"样式中，作家以一种很肯定的观点来演绎故事，其观念左右着作品故事的进程直到结局。但陀思妥耶夫斯基的小说却创造了人物形象的全新结构：主人公的意识不为作家的框架所限，和作家具有平等地位。作家和作品中的每个人物像乐曲中的不同声部，互相对话、互不干扰地存在着，作家始终未提供给读者一种肯定的结论。巴赫金认为陀氏"创造了一种全新的艺术思维模式——复调型的艺术思维"。

在陀思妥耶夫斯基的作品中，所写的人物大抵是穷人、罪犯、醉鬼、乞丐、小偷、奸人、恶汉、恶婆、娼妇、魔鬼、白痴等等。有人称他为"人道的天才"，有人称他为"残酷的天才"，高尔基则称他为"恶毒的天才"，对他的艺术才能给予崇高的评价，把他置于与莎士比亚比肩的位置上。

情感与道德的苏醒——《复活》

列夫·托尔斯泰（1828—1910），俄国伟大的文学家，也是世界文学史上最杰出的作家之一，他的文学作品在世界文学中占有重要的地位。代表作有长篇小说《战争与和平》、《安娜·卡列尼娜》、《复活》以及自传体小说三部曲《童年》、《少年》、《青年》。他以自己一生的辛勤创作，登上了当时欧洲批判现实主义文学的高峰。列宁称他为"俄国革命的镜子"。

托尔斯泰思想中充满着矛盾，这种矛盾正是俄国社会错综复杂的矛盾的反映，是一个富有正义感的贵族知识分子在寻求新生活中，清醒与软弱、奋斗与彷徨、呼喊与苦闷的生动写照。

《复活》描写的聂赫留朵夫公爵是莫斯科地方法院的陪审员。一次他参加审理一个毒死人的命案。不料，从妓女玛丝洛娃具有特色的眼神中认出原来她是他青年时代热恋过的喀秋莎。于是十年前的往事一幕幕展现在聂赫留道夫眼前：当时他还是一个大学生，暑期住在姑妈的庄园里写论

列夫·托尔斯泰

文。他善良、热情，充满理想，热衷于西方进步思想，并爱上了姑妈家的养女兼婢女喀秋莎。他们一起玩耍谈天，感情纯洁无瑕。三年后，聂赫留朵夫大学毕业，进了近卫军团，路过姑妈庄园，再次见到了喀秋莎。在复活节的庄严气氛中，他看着身穿雪白连衣裙的喀秋莎的苗条身材，她那泛起红晕的脸蛋和那双略带斜眼的乌黑发亮的眼睛，再次体验了纯洁的爱情之乐。但是，这以后，世俗观念和情欲占了上风，在临行前他占有了喀秋莎，并抛弃了她。后来听说她堕落了，也就彻底把她忘了。现在，他意识到自己的罪过，良心受到谴责，但又怕被玛丝洛娃认出而当场出丑，内心非常紧张，思绪纷乱。其他法官、陪审员也都心不在焉，空发议论，结果错判玛丝洛娃流放西伯利亚服苦役

四年。等聂赫留朵夫搞清楚他们失职造成的后果，看到玛丝洛娃被宣判后失声痛哭、大呼冤枉的惨状，他决心找庭长、律师设法补救。律师告诉他应该上诉。

聂赫留朵夫怀着复杂激动的心情按约到米西（被认为是他的未婚妻）家赴宴。本来这里的豪华气派和高雅氛围常常使他感到安逸舒适，但今天他仿佛看透了每个人的本质，觉得样样可厌：柯尔查庚将军粗鲁得意；米西急于嫁人；公爵夫人装腔作势。他借故提前辞别。

回到家中他开始反省，进行"灵魂净化"，发现他自己和周围的人都是"又可耻，又可憎"：母亲生前的行为；他和贵族长妻子的暧昧关系；他反对土地私有，却又继承母亲的田庄以供挥霍……这一切都是在对喀秋莎犯下罪行以后发生的。他决定改变全部生活，第二天就向管家宣布：收拾好东西，辞退仆役，搬出这座大房子。

聂赫留朵夫到监狱探望玛丝洛娃，向她问起他们的孩子，她开始很惊奇，但又不愿触动创伤，只简单对答几句，把他当作可利用的男人，向他要十卢布烟酒钱以麻醉自己。第二次聂赫留朵夫又去探监并表示要赎罪，甚至要和她结婚。这时喀秋莎发出了悲愤的指责："你今世利用我来作乐，来世还想利用我来拯救你自己！"后来聂赫留朵夫帮助她的男友，

改善她的处境，她也戒烟戒酒，努力学好。

聂赫留朵大分散土地，奔走于彼得堡上层，结果上诉仍被驳回。他只好向皇帝请愿，立即回莫斯科准备随喀秋莎去西伯利亚。途中喀秋莎深受政治犯高尚情操的感染，原谅了聂赫留朵夫，为了他的幸福，同意与尊重她、体贴她的西蒙松结合。聂赫留朵夫也从《圣经》中得到"人类应该相亲相爱，不可仇视"的启示。

《复活》封面

这两个主人公的经历，表现了他们在精神上和道德上的复活。小说触及了那些贪赃枉法的官吏，揭露了当时社会制度的本质。

《复活》之所以成为19世纪俄国现实主义文学的巅峰，最重要的原因是托尔斯泰成功地塑造了聂赫留朵夫和玛丝洛娃两个血肉丰满的人物形象。这两个艺术典型，使作品得以对当时的俄国社会进行全面而深刻地揭露和批判。此外，小说中不少正反人物的形象也是令人难忘的，为两个主人公形象的塑造起了很好的陪衬作用。

托尔斯泰非凡的文学才华在《复活》中得到了淋漓尽致地表现。小说中，他调动了多种艺术手段，为深化主题思想和塑造人物形象服务，大大增强了作品的感染力。《复活》中托尔斯泰更多地运用了对比、心理分析、讽刺等表现手法。

《复活》是托尔斯泰晚期的代表作。这时作家世界观已经发生激变，抛弃了上层地主贵族阶层的传统观点，用宗法农民的眼光重新审查了各种社会现象，通过男女主人公的遭遇淋漓尽致地描绘出一幅幅沙俄社会的真实图景：草菅人命的法庭和监禁无辜百姓的牢狱；金碧辉煌的教堂和褴褛憔悴的犯人；荒芜破产的农村和豪华奢侈的京都；茫茫的西伯利亚和戴着手铐脚镣的政治犯。托尔斯泰以最清醒的现实主义态度对当时的全套国家机器进行了猛烈的抨击。然而在《复活》中，托尔斯泰虽然对现实社会做了猛烈的抨击，揭露了社会制度的本质，但是小说结尾，仍然把改革社会寄希望于基督教，又把自己的宗教观强行植入小说当中，并且几乎否定了资本主义一切国家机器的一切作用，不得不说是小说思想境界上的一个遗憾。

影响几代人的励志经典——《钢铁是怎样炼成的》

奥斯特洛夫斯基于 1904 年出生在乌克兰维里亚村一个贫困的农民家庭，他 11 岁开始当童工。1919 年加入共青团，随即参加国内战争。1923 年到 1924 年担任乌克兰边境地区共青团的领导工作，1924 年加入共产党。由于他长期参加艰苦斗争，健康受到严重损害，到 1927 年，身体情况急剧恶化，但他毫不屈服，以惊人的毅力同病魔作斗争。1929 年，他全身瘫痪，双目失明。1930 年，他用自己的战斗经历作素材，以顽强的意志开始创作长篇小说《钢铁是怎样炼成的》。小说获得了巨大成功，受到同时代人的真诚而热烈的称赞。

奥斯特洛夫斯基浮雕像

《钢铁是怎样炼成的》描写的是保尔·柯察金的一生。他出生于贫困的铁路工人家庭，早年丧父，全凭母亲替人洗衣做饭维持生计。他因痛恨神父平时瞧不起他是穷人的孩子，时常不公平地对待他，就往神父家的复活节蛋糕上撒烟灰而被学校开除。12 岁时，母亲把他送到车站食堂当杂役，在那儿他受尽了凌辱。他憎恨那些欺压穷人的店老板，厌恶那些花天酒地的有钱人。

"十月革命"爆发后，帝国主义和反动派妄图扼杀新生的苏维埃政权。保尔的家乡乌克兰谢佩托夫卡镇也经历了外国武装干涉和内战的岁月。红军解放了谢佩托夫卡镇，但很快就撤走了，只留下老布什维克朱赫来在镇上做地下工作。在一次钓鱼的时候，保尔结识了林务官的女儿冬妮娅，并在一次意外的见面后与她加深了友谊。有一次他在隔壁列辛斯基家盗了一把属于住在列辛斯基家的一个中尉的手枪，幸好有惊无险。一次，朱赫来突然来找保尔，并在保尔家住了八天，给保尔讲了关于革命、工人阶级和阶级斗争的许多道理。朱赫来是保尔走上革命道路的最初领导人。

一天，朱赫来被白匪军抓走了。保尔到处打听他的下落，在匪兵押送朱赫来的途中，保尔猛扑过去，把匪兵打倒在壕沟里，与朱赫来一起逃走了。由于波兰贵族列辛斯基的儿子维克多的告密，保尔被抓进了监狱。在狱中，保尔经受住了拷打，坚强不屈。为迎接白匪"大头目"彼得留拉来小城视察，一个二级军官错把保尔当做普通犯人放了出来。他怕重新落入魔掌，不敢回家，遂不由自主地来到了冬妮娅的花园门前，纵身跳进了花园。由于上次钓鱼时，保尔解救过冬妮娅，加上她又喜欢他"热情和倔强"的性格，他的到来让她很高兴。保尔也觉得冬妮娅跟别的富家女孩不一样，他们都感受到了朦胧的爱情。为了避难，他答应了冬妮娅的请求，住了下来。几天后，冬妮娅找到了保尔的哥哥阿尔焦姆，他把弟弟柯察金送到喀查丁参加了红军。

保尔参军后当过侦察兵，后来又当了骑兵。他在战场上是个敢于冲锋陷阵的战士，而且还是一名优秀的政治宣传员。他特别喜欢读《牛虻》、《斯巴达克斯》等作品，经常给战友们朗读或讲故事。在一次激战中，他的头部受了重伤，但他用顽强的毅力战胜了死神。他的身体状况使他不能再回前线，于是他立即投入了恢复和建设国家的工作。他做共青团的工作、肃反工作，并忘我地投入到艰苦的体力劳动中去，特别是修建铁路的工作尤为艰苦：秋雨、泥泞、大雪、冻土，大家缺吃少穿，露天住宿，而且还有武装匪徒的袭扰和疾病的威胁。

在这一段时间里，他和冬妮娅的爱情产生了危机，冬妮娅那庸俗的个人主义令他反感。等到在修筑铁路又见到她的时候，她已和一个有钱的工程师结了婚。保尔在铁路工厂任团委书记时，与团委委员丽达在工作上经常接触，可是保尔以"牛虻"精神抵制自己对丽达产生的感情，后来他又错把丽达的哥哥当成了她的恋人，最后下定决心断绝了他们的感情，因而失去了与她相爱的机会。

在筑路工作要结束时，保尔得了伤寒并引发了肺炎，组织上不得不把保尔送回家乡去休养。半路上误传出保尔已经死去的消息，但保尔第四次战胜死亡回到了人间。病愈后，他又回到了工作岗位，并且入了党。由于种种伤病及忘我的工作和劳动，保尔的体质越来越坏，丧失了工作能力，党组织不得不解除他的工作，让他长期住院治疗。在海滨疗养时，他偶然认识了女工达雅并相爱。保尔一边不断地帮助达雅进步，一边开始顽强地学习，增强写作的本领。

1927年，保尔已全身瘫痪，接着又双目失明，肆虐的病魔终于把这个充满战斗激情的战士束缚在床榻上了。保尔也曾一度产生过自杀的念头，但他很快从低谷中走了出来。这个全身瘫痪、双目失明并且没有丝毫写作经验的人，开始了他充满英雄主义的事业——文学创作。保尔忍受着肉体和精神上的巨大痛苦，先是用硬纸板做成框子写。六个月后，写成的手稿在朋友寄回来时丢失了，保尔一度灰心丧气。后来，他振作了起来，自己口述，请人代录。在母亲和妻子的帮助下，他用生命写成的小说《暴风雨所诞生的》终于出版了！生活的铁环已被彻底粉碎，保尔拿起新的武器，开始了新的生活。

《钢铁是怎样炼成的》是一部描写革命者成长历程和揭示革命者优秀品质的优秀小说。当一位英国记者问作者为什么以《钢铁是怎样炼成的》为书名时，奥斯特洛夫斯基回答说："钢是在烈火与骤冷中铸造而成的。只有这样它才能坚硬，什么都不惧怕。我们这一代人也是在这样的斗争中、在艰苦的考验中锻炼出来的，并且学会了在生活面前不颓废。"这个书名，形象地概括了他所要表达的思想内容——自己这一代人的成长道路和思想性格。

保尔在凭吊女战友娃莲的墓地时所说的那段话，是对小说主题的阐发："人最宝贵的是生命，生命属于每个人只有一次。人的一生应该是这样度过：当回忆往事的时候，他不会因为虚度年华而悔恨，也不会因为碌碌无为而羞愧；在临死的时候，他能够说：'我的整个生命和全部精力，都已经献给了世界上最壮丽的事业——为全人类的解放而斗争。'"

《钢铁是怎样炼成的》是一部自传性的小说。小说中的许多故事都来自于作者的亲身经历，因此读起来更加真实可信，亲切感人。但作者又不拘泥于生活事实，对人物和情节做了大量典型化处理。

小说的全部描写都围绕着主人公的成长来展开，结构紧凑自然。在刻画主人公性格的时候，又从不同的侧面来表现他的优秀品质。通过描写保尔怎样对待监狱、战争、工作、友谊、爱情、疾病、挫折，亦即怎样对待革命与个人、公与私、生与死等重大问题的态度，把保尔这一钢铁战士的形象塑造得格外丰满生动，光彩照人。

幽默大师的儿童小说——《汤姆·索亚历险记》

马克·吐温，1835年11月1日出生于美国密苏里州佛罗里达镇。他的父亲是一位为人正直但一生很不得意的地方法官；母亲不仅乐观豁达，而且待人特别宽厚慈善。马克·吐温4岁半时羡慕别的孩子上学的神气，也进了学校，学习成绩也挺好，但他逐渐对学校刻板的生活产生了反感，变得顽皮淘气，不再喜欢上学。他喜欢游泳和滑冰，有几次差点被河水夺走了性命，让父母感到非常头痛。

马克·吐温12岁那年，父亲一病不起撒手西归，一家人顿时陷入困境，这给了马克·吐温一个冠冕堂皇辍学回家的理由，但他不久就为自己的行为感到了后悔。退学后的马

外国小说

马克·吐温

克·吐温到一家印刷厂当了学徒工，可印刷厂老板是一位吝啬鬼，经常克扣学徒的伙食，给马克·吐温穿的东西是老板自己的旧衣服，穿上它，就像生活在大帐篷里一般，而且得把裤子提到耳朵边才行。此外一分钱报酬也没有。

14 岁的马克·吐温有一天在密苏里州的街上闲逛时，无意中看到地上有一页纸，是从别人的书本里散掉下来的。那页纸上记录着约翰的一些事迹，这些事写的竟是如此有趣，以至于一向讨厌上学的马克·吐温读得如痴如醉。但接下的事却让马克·吐温感到苦恼，因为他一点也不知道约翰是何许人也，到哪里去找到余下的悬念？这简直让马克·吐温无法接受，他不禁有点愤愤不平，感到很不服气。哼！我就不信找不到这个"可恶的"约翰。于是，他搜寻读遍约翰所著的书籍，对约翰的生平产生了不

可遏制的兴趣。

著名的传记作家阿鲁巴多·卞曾在马克·吐温的传记中这样写道："偶然得到的约翰传记中的一页纸，引起了马克·吐温对其生平的浓厚兴趣，对这种兴趣的热衷就是他一生智慧的标志，而且这种兴趣至死不改。从捡起那片废纸的那一刻起，他就走向了开创自己卓越智慧的路途。"

1862 年，他成为《事业报》的新闻记者，便以记者的身份游历欧洲，从此走上了文学创作的道路。

马克·吐温是一位幽默大师，他一生写了许多广传于世的优秀小说，比如《汤姆·索亚历险记》、《镀金时代》、《王子与贫儿》、《竞选州长》、《百万英镑》等等。

《汤姆·索亚历险记》是马克·吐温的四大名著之一，小说描写的是以汤姆·索亚为首的一群孩子天真烂漫的生活。为了摆脱枯燥无味的功课、虚伪的教义和呆板的生活环境，他们决定追求冒险的经历。

汤姆·索亚是一个聪明但调皮的男孩。他父母双亡，住在严厉但也十分疼他的包莉姨妈家里。他活泼好动，还有着许多精灵鬼点子，而且不爱学习，总喜欢逃了学去钓鱼，和流浪儿哈克贝利·费恩去闲逛、玩"海盗"、搜集各种奇怪的物品等等。他甚至喜欢上了名叫蓓琪·撒切尔的女孩，并想尽办法来"追求"她。

一天半夜，汤姆和哈克去坟地

《汤姆·索亚历险记》封面

"试验"用死猫治疣子的方法时，意外地遇上了一场谋杀案——去盗尸的罗宾逊大夫、印第安人乔和酒鬼波特三个人发生争执，一怒之下，乔把大夫杀了，并把杀人罪赖到了被打晕的波特身上。当时被吓得够呛的汤姆和哈克发誓，要对此事严守秘密。但汤姆在很长时间内一直陷于不安之中。

后来，汤姆由于蓓琪和他怄气而与好友乔·哈泼一起离家出走，和哈克一起坐筏子到一个小岛上去当"海盗"。镇上的人不知道他们的去向，以为他们在河里淹死了。在为他们举行葬礼的那天，他们三人却奇迹般地出现了。汤姆成了学校里的英雄，蓓琪也在不久之后与他重归于好。

不久后，法院终于要审理那场凶杀案。大家都以为凶手是波特时，汤姆克服恐惧，告发了印第安人乔，但

乔却当场逃走了。

后来，汤姆和哈克到一个鬼屋"寻找海盗埋藏的财宝"时，发现乔装的印第安人乔和一个同伙在鬼屋中找到了一部分财宝，并且偷听到有一个"二号"——另一个藏宝藏的地方。他们决定找到"二号"。

几天后，蓓琪、汤姆和一些其他朋友去"野餐会"，他们来到了麦克杜格尔洞——一个迷宫般的岩洞里玩。汤姆和蓓琪光顾着玩耍，脱离了大伙儿，迷路了。他们在洞里历尽波折，饥饿、干渴、黑暗和恐惧不断袭击着无助的他们。过了好几天，他们也没找到出路。更可怕的是，他们在洞中看见了印第安人乔……

镇上的人们都以为他们死在洞中了，包莉姨妈和撒切尔一家都悲痛极了。直到一天半夜，镇上突然喧闹起来——汤姆和蓓琪被找到了！原来，汤姆牵着绑在石头上的风筝线探路，找到了一个出口，最后被几个好心人送了回来。

由于这件事，洞口被封了。汤姆知道后，便把印第安人乔在洞里的事告诉了蓓琪的爸爸撒切尔法官。法官便带人去查看，洞门被打开了，但印第安人乔早就饿死了。

后来，汤姆经过分析，判断宝藏已经被印第安人乔藏到岩洞中了。于是他和哈克偷偷地潜入到岩洞中，并根据他们偷听到的关于"二号"的描述，找到了一个宝箱——里面有一

外国小说

万两千余元!

发现宝藏的他们成了大富翁。从此以后，汤姆和哈克变成了小镇上的"风云人物"。

敬业、忠诚与勤奋的管理书——《致加西亚的信》

阿尔伯特·哈伯德，纽约东奥罗拉的罗依科罗斯特出版社的创始人。他是一位坚强的个人主义者，终生坚持不懈、勤奋努力地工作。然而，所有的一切于 1915 年与被德国水雷击沉的路西塔尼亚号轮船一同沉入海底，过早地结束了。

他于 1859 年出生在伊利诺伊州的布鲁明顿，后来因罗依科罗斯特出版社所出版、印刷、发行的优质出版物而闻名。在罗依科罗斯特出版社工作的日子里，阿尔伯特·哈伯德出版了两本杂志：《菲士利人》和《兄弟》。实际上杂志中许多文章都是出自他之手。在写作、出版的同时，哈伯德还致力于公众演讲，他在演讲台上所取得的成就不亚于在写作和出版上的成绩。

从最初出版的那一刻起，《致加西亚的信》就赢得了非同寻常的称赞，这是作者始料不及的。在《作者序言》中作者描述了这种成功。

故事中的英雄，那个送信的人，也就是安德鲁·罗文，美国陆军一位年轻的中尉。当时正值美西战争（1898 年 4 月至 12 月美国与西班牙之间发生的争夺殖民地的战争）爆发。美国第 25 任总统麦金莱急需一名合适的特使去完成一项重要的任务，军事情报局推荐了安德鲁·罗文。

在孤身一人没有任何护卫的情况下，罗文中尉立刻出发了，一直到他秘密登陆古巴岛，古巴的爱国者们才给他派了几名当地的向导。那次冒险经历，用他自己谦虚的话来说，仅仅受到了几名敌人的包围，然后设法从中逃出来并把信送给了加西亚将军——一个掌握着决定性力量的人。

整个过程中自然有许多意想不到的偶然因素与个人的努力相关联，但是，在这位年轻中尉迫切希望完成任

《致加西亚的信》封面

务的心中，却有着绝对的勇气和不屈不挠的精神。为了表彰他所做的贡献，美国陆军司令为他颁发了奖章，并且高度称赞他说："我要把这个成绩看做是军事战争史上最具冒险性和最勇敢的事迹。"

这一点当然毫无疑问，但人们更应该意识到，取得成功最重要的因素并不是因为他杰出的军事才能，而是在于他优良的道德品质。因此，罗文中尉将永远为人们所铭记。

罗文以其绝对的忠诚、责任感和创造奇迹的主动性完成了这件"不可能的任务"。这个送信的传奇故事之所以在全世界广为流传，主要在于它倡导了一种伟大的精神：忠诚、敬业、勤奋，正是人性中光辉的一面。"送信"变成了一种具有象征意义的东西，变成了一种忠诚，一种承诺，一种敬业、服从和荣誉的象征。美国总统乔治·布什说："这本书太可怕了，它把一切都说了。一本关于敬业、忠诚与勤奋的管理书。那些不需要人监督且具有坚毅和正直的人格的人正是能改变世界的人！"

罗文的事迹激励着千千万万的人以主动性完成职责，无数的公司、机关、系统都曾人手一册，以期塑造自己团队的灵魂。100年来该书的各种版本累计销售量近8亿册，成为有史以来最畅销的书籍之一。

职业是人的使命所在，敬业是人类共同拥有和崇尚的品德。从世俗的角度来说，敬业就是敬重自己的工作，将工作当成自己的事。其具体表现为忠于职守、尽职尽责、认真负责、一丝不苟、善始善终等，其中糅合了一种使命感和道德责任感。这种道德感在当今社会发扬光大，使敬业精神成为一种最基本的做人之道，也是成就事业的重要条件。

爱情史诗巨著——《飘》

玛格丽特1900年生于美国佐治亚州亚特兰大城。玛格丽特从小就呈现出斐然的文采，能写作小说、戏剧，从华盛顿学院毕业后进入麻州史密斯大学。1922年，她和贝林·艾布萧结婚，但是不久就分居。同年她进入亚特兰大通讯社，在那儿做了五年的通讯资料处理工作。这段工作经验奠定了她日后写作的基础。1924年她和艾布萧离婚，第二年就和约翰·劳伯特结婚。1926年她因脚伤离开通讯社。此后十年间，她经常做调查、访问等工作，终于在1936年完成了《飘》。

《飘》刚出版时，只是一个无名作家的处女作而已。但是一年后竟卖出了150万册，使得玛格丽特成为受人瞩目的畅销书作家。

全书63章，以1861年至1865年的南北战争为背景。描写三位男性对一位妩媚动人的女性所产生的一连

外国小说

《乱世佳人》剧照

串爱情故事：斯佳丽是一个并不漂亮，但是很有魅力的女人，许多年轻人都被她娇艳的魅力所迷惑。她出自佐治亚州亚特兰大的卡拉农场，父亲是爱尔兰后裔，母亲具有法国贵族的血统。

南北战争之前，她是一个受到父母宠爱的 16 岁女孩。她对文雅有礼的表兄雅修雷非常有好感，后来甚至暗恋着他，希望有朝一日他能向她求婚。雅修雷虽然对斯佳丽也有好感，但是他所喜爱的是斯佳丽的堂妹美拉妮，他认为文静贤淑的美拉妮才是结婚的对象。斯佳丽因此迁怒美拉妮，她和美拉妮的哥哥查理闪电结婚以作为报复、泄恨的手段。查理不久便应召入伍并死在战场上。略为伤感的斯佳丽生下一男孩。不过她一点也不怀念死去的查理，她的心中仍然深爱着雅修雷。甚至她还带着孩子和保姆住到雅修雷的伯母家。

此时南北战争已进行了一段时间了。南军节节败退，雅修雷也从军入伍。有一年圣诞节他休假回到故乡，

表妹斯佳丽鼓起勇气向他表达爱意，表示愿意和他结婚。雅修雷几乎为这个热情洋溢、妩媚动人的斯佳丽所感动。但他还是不为所惑，只请斯佳丽代为照顾他的家人。亚特兰大城后来被北军所围攻，北军炮火不断的轰击，使得亚特兰大城几乎被焚为废墟，到处都有人逃难，斯佳丽得到暗恋她的白瑞德之助，带着产后的美拉妮和孩子、保姆搭乘马车逃回她的故乡卡拉农庄。卡拉农庄并没有被焚毁，不过斯佳丽的母亲已经去世，父亲由于中风也几乎成为废人。这一群人都需要靠斯佳丽的拼命工作才能维持生计。不久南军投降，南方开始战后的重建工作。

斯佳丽在卡拉农庄实在难以维持生计，她为了钱，就和妹妹的情人法兰特·卡南迪结婚。法兰特是一个成功的木材商人，他被斯佳丽的魅力所迷而不惜一切地和她结婚。但是新婚不久，他就因为与人口角而死于意外，斯佳丽百般无奈之下，只好和白瑞德结婚。白瑞德自从认识斯佳丽之后就深深地爱恋着她，他也知道斯佳丽心中只有雅修雷，他无法取代雅修雷在她心中的地位，但是他还是娶了斯佳丽，并且盼望着她的心意能够回转。

美拉妮临死之前，希望斯佳丽好好珍惜白瑞德的爱，只有白瑞德能够给她幸福。美拉妮的一番话点醒了斯佳丽，原来她对雅修雷的爱只是一种

幻影而已，她应该投入白瑞德的怀抱才对。但是等她到家后，发觉白瑞德已经因为两人女儿的去世远离她而去。斯佳丽骤然失去深爱的人，心里虽然是黯然神伤，但由于个性好强，仍然咬着牙坚定地说"明天，我一定要白瑞德回到我的身边。"

根据《飘》拍摄的《乱世佳人》是好莱坞影史上最值得骄傲的一部旷世巨片，影片放映时间长达4小时，观者如潮。其魅力贯穿整个20世纪，因此有好莱坞"第一巨片"之称。影片当年耗资400多万美元，历时三年半完成，其间数换导演，银幕上出现了60多位主要演员和9 000多名配角演员。在1939年的第12届奥斯卡奖中一举夺得8项金像奖，轰动美国影坛。这部耗资巨大、场景豪华、战争场面宏大逼真的历史巨片，以它令人称道的艺术成就成为美国电影史上一部经典作品，令人百看不厌。

可以被毁灭不可以被战胜
——《老人与海》

1952年，海明威发表了他最优秀的作品《老人与海》。这是世界文学宝库中的珍品，也是海明威全部创作中的瑰宝。

该书出版仅48小时就销量惊人，当年获得了普利策文学奖。1954年，由于海明威"精通于叙事艺术，突出

地表现在他的近著《老人与海》之中；同时也因为他在当代风格中所发挥的影响"，海明威获得了诺贝尔文学奖。

海明威

"每一句话和每一段落，都要尽量写得简洁。"这是海明威写作的信条之一。"人可以被毁灭，却不可以被战胜。"海明威在《老人与海》里所说的话，不仅打动了读者，也征服了评论者。

小说以写实手法展现了捕鱼老人桑提亚哥在重压下仍保持的优雅风度，这种精神上永远不可战胜者成为文学史上最著名的"硬汉"形象之一。对于《老人与海》这本被译成几十种文字的作品，海明威自己认为"是这一辈子所能写得最好的一部作品"。

这是一部描写人与大自然搏斗的小说。老人在海上搏斗了两天两夜，

67

最后仅仅赢得了一具空空的鱼架。作品的寓意是象征性的，老人虽败犹荣。正如老人所说："人生来不是为了被打败的，人可以被毁灭，却不可以被战胜。"这句话是海明威的自白，也是海明威"硬汉"精神的一种标志。多少年来，这似乎成了一句至理名言。

海明威是一个酷爱打猎、钓鱼的作家。他到过第一、第二次世界大战的战场。他的身上中过 237 片弹片，头上缝过针，他曾在非洲两度遭遇飞机失事，严重的脑震荡使他的视力和健康每况愈下。

这就是海明威。他的经历孕育出他那硬汉的性格。在他的小说中，反复出现了拳击、斗牛、狩猎、捕鱼、战争等题材，这些都是力量的象征。当然，还杂糅着酒、暴力、性、孤独和死亡。

海明威让我们知道，人的经历是何等的重要，这是无价的财富。海明威在创作《老人与海》之前所写的硬汉，仅仅是性格的坚硬，他们对读者的吸引力完全来自于硬汉特异的性格，他们的价值只在于硬汉性格的罕见。但《老人与海》中，孤独的老渔夫桑提亚哥已经不仅仅是条硬汉，他身上所体现的精神价值，完全是古希腊悲剧精神的现代回响。在《老人与海》中，海明威终于为他所钟爱的硬汉找到了灵魂，这灵魂就是人类亘古不变的永恒价值。因此，在《老人

与海》中，硬汉桑提亚哥的刚毅性格已经成为小说的表面，通过桑提亚哥硬汉性格来礼赞人类的永恒价值成为小说的真正主题。

桑提亚哥连续出海 84 天了，一条鱼也没捕到。可是，"那双眼睛啊，像海水一样蓝，是愉快的，毫不沮丧的"。原先跟随桑提亚哥出海捕鱼的小孩，谈到他爸爸把他叫到别的船上去，说道："他没多大的自信。""是的，"老头儿说，"可是我们有，你说是不是？"

桑提亚哥的自信是绝对的自信，是不以环境变化而变化的自信，是不需与他人比较的自信。在桑提亚哥的生存哲学中，即使遭遇到了极度的背运，人应仍旧保持自信。

《老人与海》油画

正因为桑提亚哥有着绝对自信，他对小孩被叫走，表示了完全的宽容和理解。在这里，海明威展现了自信与宽容之间的联系。《老人与海》的主要篇幅是描写孤独的老渔夫桑提亚

哥在茫茫大海上跟大马林鱼和各种鲨鱼纠缠、搏斗了三天三夜的经历。通过海明威淋漓尽致的描写，我们充分感受到了桑提亚哥与命运做殊死抗争的悲壮与崇高。老人最后拖回家的只是一副18英尺长的鱼的骨架，骨架上唯一完整的是鱼头和漂亮的鱼尾巴。从物质上来说，老人搏斗了三天三夜的结果是失败了；但从人的精神、从人的自信和自尊、从人勇于和命运做竭尽全力的抗争来说，桑提亚哥取得了胜利。

说到底，人真正的胜利也只能是精神的胜利。人在物质上无论取得多大的成就，都不能赢得我们崇高的敬意，而只有精神和气魄的胜利，才使我们感动，才使我们和追随老人的孩子一样，为他的悲壮落泪。

《麦田里的守望者》插图

青春期读本——《麦田里的守望者》

《麦田里的守望者》是塞林格惟一的一部长篇小说，虽然只有十几万字，它却在美国社会上和文学界产生过巨大影响。1951年，这部小说一问世，立即引起轰动。主人公的经历和思想在青少年中引起强烈共鸣，受到大中学生的热烈欢迎。家长们和文学界也对这本书展开了争论。有人认为它能使青少年增加对生活的认识，对丑恶的现实提高警惕，促使他们去选择一条自爱的道路；成年人通过这本书也可增进对青少年的理解。可是也有人认为这是一本坏书，主人公读书不用功，还抽烟、酗酒、搞女人，满口粗话，张口就"他妈的"，因此应该禁止。而经过多年来的考验，证明它不愧为美国当代文学中的"现代经典小说"之一。现在大多数中学和高等学校已把它列为必读的课外读物，正如有的评论家说的那样，它"几乎大大地影响了好几代美国青年"。

本书以主人公霍尔顿自叙的语气讲述自己被学校开除后在纽约城游荡将近两昼夜的经历和心灵感受。它不仅生动细致地描绘了一个不安于现状的中产阶级子弟的苦闷彷徨、孤独愤世的精神世界，一个青春期少年矛盾百出的心理特征，也批判了成人社会的虚伪和做作。霍尔顿是个性格复杂而又矛盾的青少年的典型。他有一颗纯洁善良、追求美好生活和崇高理想

外国小说

的心。他对那些热衷于谈女人和酒的人十分反感，对校长的虚伪势利非常厌恶，看到墙上的下流字眼便愤愤擦去，遇到修女为受难者募捐就慷慨解囊。他对妹妹菲比真诚爱护，百般照顾。为了保护孩子，不让他们掉下悬崖，他还渴望终生做一个"麦田里的守望者"，发出"救救孩子"的呼声。可是，愤世嫉俗思想引起的消极反抗，还有那敏感、好奇、焦躁、不安、想发泄、易冲动的青春期心理，又使得他不肯读书，不求上进，追求刺激，玩世不恭；他抽烟、酗酒、打架、调情，甚至找妓女玩。他觉得老师、父母要他读书上进，无非是要他"出人头地，以便将来可以买辆混账凯迪拉克"。他认为成人社会里没有一个人可信，全是"假仁假义的伪君子"，连他唯一敬佩的一位老师，后来也发现可能是个同性恋者，而且还用"一个不成熟男子的标志是他愿意为某种事业英勇地死去，一个成熟男子的标志是他愿意为某种事业卑贱地活着"那一套来教导他。他看不惯现实社会中的各种世态人情，他渴望的是朴实和真诚，但遇到的全是虚伪和欺骗，而他又无力改变这种现状，只好苦闷、放纵，最后甚至想逃离这个现实世界，到穷乡僻壤去装成一个又聋又哑的人。二次大战后，美国在社会异化、高压政治和保守文化三股力量的高压下，形成了"沉寂的十年"，而首先站起来反抗的是"垮掉

的一代"。本书主人公霍尔顿实际上也是个"垮掉分子"，是最早出现的"反英雄"，只是他还没有放纵和混乱到他们那样的程度罢了。

《麦田里的守望者》之所以能产生如此重大的影响，很重要的一点还由于作者创造了一种新颖的艺术风格。全书通过第一人称，以一个青少年的口吻叙述了自己的所思所想、所见所闻和行为举止，也以一个青少年的眼光批判了成人世界的虚伪面目和欺骗行径。

令人哭笑不得的杰作——《堂·吉诃德》

《堂·吉诃德》是西班牙伟大的作家塞万提斯的代表作，也是一部脍炙人口的世界名著，是欧洲长篇小说发展史上的一座里程碑。本书一方面针砭时弊，揭露批判社会的丑恶现象，一方面赞扬除暴安良、惩恶扬善、扶贫济弱等优良品德，所有这些，都是人类共同的情感，它可以穿越时空，对于每个时代、每个民族都具有永恒的价值，在相隔4个世纪之后，仍感动着每一个读者。

根据20世纪90年代中期来自世界各国不完全的统计，《堂·吉诃德》已用70种文字出版了2 000多个版本。这部小说曾受到马克思、恩格斯、列宁等革命导师及席勒、歌德、

拜伦、海涅等著名文人的高度赞誉，成为世界各国读者普遍熟悉和喜爱的世界文学名著之一，对后来的一些著名作家也产生了影响：笛福曾自豪地称"鲁滨逊具有一种堂·吉诃德精神"；福克纳更是每年读一遍《堂·吉诃德》，声称"就像别人读《圣经》似的"。

一位夫子说："读《堂·吉诃德》第一遍是笑，第二遍是哭，第三遍是思考。"难怪每每想起这个充满奇情异想的末路骑士时，心里总会涌起一种异样的感觉——塞万提斯创作了一个让人不得不笑又不得不哭的悲剧。

《堂·吉诃德》的悲剧在于它肢解了曾经神圣的道德观念，而这种肢解是建立在一个个沉重的矛盾之上的：要消灭即将衰亡的虚伪的骑士道，却设计了一个柔弱但真诚的卫道士。于是，人们在与腐朽道德战斗时，突然发现面前站着的"敌人"是个柔弱的老头，没有了摧枯拉朽的快感，没有了流血牺牲的英勇，甚至在面对一个弱者的抵抗时，会检讨自己的正义性。恰好，堂·吉诃德奉行的不是虚伪的骑士道，不是道貌岸然的道德欺骗，而是人们久违了的一种精神：对上帝的无限忠诚，对爱情的至死不渝。

当堂·吉诃德开始为自己的精神家园而战时，第二层矛盾出现了：真正意义上的骑士道早就被虚伪的道德

所渗透演变，而世俗的价值观已经犹如一艘笨重的航空母舰，从对上帝的忠诚、对英雄的崇敬转向了对个体价值的追求。世俗价值观的改变虽然具有滞后性，但同时具有强大的惯性和持久的韧性，瘦弱但张狂的堂·吉诃德却妄想扭转它，所以，他可以仅凭着信仰的力量不顾自身的渺小而义无反顾地冲向巨大风车，而其身后扬起的却是一股荒谬的尘埃。我们暂且不去讨论新教伦理对社会发展是否有推动力量，只要想想，当人们举着张扬个性的大旗从中世纪解放出来的若干年后，人们不是又一次产生了信仰的需求吗？我们可以说这是历史的波浪式前进和螺旋式上升，但由此我们也可以发现，堂·吉诃德以及堂·吉诃德式的口号可以一言以蔽之——不合时宜。但不可否认，如果人们还想在激变中保持冷静和清醒，这种不合时宜是必不可少的。

正是这一个个矛盾解构了堂·吉诃德存在的必要性——他成了一个多余的人，以致后来被"确诊"为"疯子"。疯子的价值观自然是被正统价值观拒之于外的，而堂·吉诃德的梦想却因其包含了人类本性的美德而具有合理性，世俗对合理性的拒绝就构成了另一个层面上的矛盾。第一部中理发师和神父的将计就计的哄骗，如果说还是世俗价值对堂·吉诃德善意的招安的话，第二部中公爵的故意取乐则宣告了世俗价值对他的彻

底否定、排斥和唾弃，干脆失去了被整合的意义，仅仅可用来取乐了。这就给这种拒绝染上了一层悲剧色彩。

悲剧并没有结束。塞万提斯尖刻地毁灭了最后一丝希望——堂·吉诃德临终前"悔过了"，这便不再是一个卫道士的死亡，而是一种价值观的绝迹，堂·吉诃德成了骑士道和英雄主义的回光返照。当道德的热情在历史的冰冷面前熄灭时，尘埃落定了，旗帜倒下了，疯子堂·吉诃德安静了，另一个时代开始了……

陀思妥耶夫斯基在评论塞万提斯的《堂·吉诃德》时这样说："到了地球的尽头问人们：'你们可明白了你们在地球上的生活？你们该怎样总结这一生活呢？'那时，人们便可以默默地把《堂·吉诃德》递过去，说：'这就是我给生活做的总结。你们难道能因为这个而责备我吗？'"

审视人类的灵魂——《生命中不能承受之轻》

米兰·昆德拉在本书中以其独特的生命视角、冷静且蕴涵某种智慧的思虑，审视了人类灵魂的空虚与充盈、灵肉与轻重，诠释了生命之中某种不曾泯灭的真理。在米兰·昆德拉看来，人生是痛苦的，这种痛苦源于我们对生活目的的错误把握。虽然世界上有许多人，每个人都在按着各自

米兰·昆德拉

的生活目标而努力，但每个目的却都有着其本身的空虚，名利无非镜花水月，财富无非身外之物。

虽然米兰·昆德拉的小说是以其深刻而著称于世的，但他的笔下工夫、叙事角度也卓尔不群，堪称文本方面少有的巨匠。在充满着哲人的深刻之外，米兰·昆德拉显然还具备诗人的激情以及散文家的敏锐，而其中任何一种特质都足以令其傲立当世。总之，《生命中不能承受之轻》是20世纪难得一见的巨著，对于热爱小说的读者而言，不读它将是一个永远的遗憾。

昆德拉由政治走向了哲学，由捷克走向人类，由现时走向了永恒，面对着一个超政治观念、超时空而又无法最终消灭的敌人，面对像玫瑰花一样开放的癌细胞，这种沉重的抗击在有所着落的同时就无所着落，变成了不能承受之轻。

他的笔从平易的现实和理性入，从无所适从的茫然出。也许这种茫然过于尼采化了一些。作为小说的主题之一，既然尼采的"永劫回归"为不可能，那么民族历史和个人生命一样，都只具有一次性，是永远不会成为图画的草图，是永远不会成为演出的初排。我们没有被赋予第二次、第三次生命来比较所有选择的好坏优劣，来比较捷克民族历史上的谨慎或勇敢，来比较托马斯生命中的屈从和反叛，来决定当初是否别样更好。那么选择还有什么意义？上帝和大粪还有什么区别？所有"沉重艰难的决心（贝多芬音乐主题）"不都轻似鸿毛、轻若尘埃吗？

反对媚俗而无法根除媚俗，无法选择的历史又正在被确定地选择。这是废话白说还是大辩难言？昆德拉像为数很少的某些作家一样，以小说作不说之说，缄默中含有严酷的真理，雄辩中伏有美丽的谎言，困惑的目光触及到一个个辩证的难题、两疑的悖论，关于记忆和忘却，关于媚俗和抗俗，关于自由和责任，关于性欲和情爱……他像笔下的那个书生弗兰茨，在欧洲大进军中茫然无措地停下步来，变成了一个失去空间方向的小小圆点。

在捷克的传统文学中，诗歌散文的成就比小说更为显著。不难看出，昆德拉继承发展了散文笔法，似乎也化用了罗兰·巴特等解析文化的"片断体"，把小说写得又像散文又像理论随笔，所分开的章节都十分短小，大多在几百字到两千字之间。整部小说像小品连缀，举重若轻，删繁就简，信手拈来一些寻常小事，轻巧勾画出东西方社会的形形色色，折射了从捷克事件到柬埔寨战争的宽广历史背景。他并不着力于传统的写实白描，至少我们没看到那种在情节、对话个性化、场景气氛铺染等等方面的良苦心机，而这些是不少中国作家常常表现出来的。

当过爵士乐手的米兰·昆德拉的《生命中不能承受之轻》，正是当今无数精深的四重奏作品中的妙品。

还没有哪个现代作家像昆德拉那样，穿透变幻莫测的政治云障，直刺人类深层本质的劣根性。在从现时性的阐述过渡到历时性的诠释中，昆德拉对生命本质进行形而上学的批判，从而接触到人类内宇宙的最核心部分，完成他对内宇宙的理性探求历程。

昆德拉揭示了人类生命中不能承受的轻，但他和我们一样，无力解决这个问题，因为"永劫回归"是不可能的。民族历史、个人生命都只有一次性，没有初排，没有草稿，选择也就变得毫无意义。我们不选择媚俗，又能选择什么呢？安知抗击媚俗的决心和勇气不是另一种更大的媚俗？一个生活在地球上的人怎么可能避免媚俗呢？如果媚俗不可避免，那

外国小说

么所有"沉重而艰难的决心"不都是轻若鸿毛吗？

这又是一种生命中不能承受之轻。昆德拉由此对生命的终极意义表示了怀疑，而那是我们的前人认为理所当然而又坚信不疑的。我们无可选择又必须选择，我们反对媚俗又时时刻刻都在媚俗。

日记体儿童小说——《捣蛋鬼的日记》

《捣蛋鬼的日记》是一部小说，是儿童文学，它在意大利读者中很有影响。作者万巴是意大利著名的儿童文学作家和诗人。

万巴（1858—1920）当过铁路职员、记者，后来主要从事儿童文学的创作，一生写过许多作品。1906 年，他为孩子们创办了《星期天日记》报，不久就在这份报上发表了他著名的小说《捣蛋鬼的日记》并获得了巨大的成功。《捣蛋鬼的日记》自1920 年汇集成册后，共重版过 100 多次，是继《木偶奇遇记》后又一本在意大利深受孩子和家长喜爱的书。《捣蛋鬼的日记》还曾被拍成电视剧和电影，书中的主人公加尼诺是家喻户晓的人物。

《捣蛋鬼的日记》是一部日记体小说，主人公是一位 9 岁的小男孩，人们称他为捣蛋鬼加尼诺。加尼诺受

到姐姐的启发学写日记，决心把自己的想法和经历的事情都记到上面去。日记记载了他在半年时间里怎么把家里搅得天翻地覆，甚至毁掉了他姐夫的政治声誉和前途，终于成为"不可教诲"的祸星的经过。

在《捣蛋鬼的日记》这部喜剧性的小说中，小小的加尼诺是一位悲剧人物。作者对他的不幸寄予深切地同情。作者尖锐地指出："在儿童的教育上，许多过错来自大人，而不是孩子们不肯改正错误。"作者认为，对大人来说，要了解孩子的心理，不能过于自信，不能总以大人的身份训斥孩子。在不少情况下，孩子的意见和想法是有其道理的，一味地对他们压制往往会收到相反的效果。作者强烈反对对孩子搞粗暴的体罚和殴打，因为棍棒只能伤及皮肉而不能抹去他们的思想。作者提出，要教育好孩子，大人的表率作用很重要，言行要一致。说一套做一套或者遇事采取实用主义，只会在孩子幼小的心灵中产生消极的影响。

作者通过加尼诺周围的环境和人物的描写，暴露了许多那个社会丑恶的现象。书中，作者表现了比较鲜明的爱憎，他不仅对被视为穷要饭的巴罗佐悲惨的遭遇表示深切地同情，而且无情地鞭笞了自私残暴的寄读学校校长、校长老婆以及他们的帮凶厨子，愤怒地控诉了他们对孩子在精神上的折磨和在生活上的虐待。作者还

活灵活现地勾画了加尼诺的姐夫，那个不择手段谋取遗产、向上爬的马拉利律师，以及加尼诺朋友的父亲——一个在讲演中大谈为劳动人民谋利益，而实质上却想让面包归他一人所有的资产阶级政党领袖人物。此外，作者也抨击了资产阶级的竞选制度，揭露它不过是一个骗局，一场闹剧。

《捣蛋鬼的日记》充满幽默感，但读者在发笑之余还将回味其中的深刻含义，从而获得一定的教益。

读这部小说，从主人公加尼诺身上，我们会禁不住想到"纯真"这个美丽的词眼，纯真不应该只是说给孩子听的，因为它不是"简单"、"快乐"、"无忧无虑"的同义词，而恰恰相反，它是沉重、忧郁，充满了人生之无奈的。只有一个已经长大了，却又不愿像他身边的那些大人一样庸庸碌碌生活着的人，才会懂得这个词的真正含意。所以能够写出一部"纯真"之作的作家，总是一个忧心忡忡的成年人；而真正能够读懂这作品的，也总是一个忧心忡忡的成年人。他们之所以忧心忡忡，并不是因为他们不能再重新做回一个无忧无虑的孩子，而恰恰是因为他们懂得，即使是对一个孩子来说，这世界也并不是无忧无虑的。

从某种意义上来说，所有的儿童文学都是写给大人们看的，因为正是他们才需要通过文字的形式来记住自己的来源，记住自己究竟是谁，记住自己最初的愿望和最终的目的。然而，最好的儿童文学还是让孩子也能读懂的故事。这个故事没有太多的虚构出来的美丽，但是它却让孩子们从这故事里看到一个自我的形象——这个自我是还未定型的，是充满了各种可能性的，是勇于挑战和反叛的，而最终，这个自我将会变成一个属于未来的真正的人。

外国小说

震撼人心的悲剧——《窦娥冤》

关汉卿，大约生于金朝末年，卒于元成宗大德年间（1297—1307），号已斋，大都（今北京）人，曾任太医院尹。关汉卿生活的时代，是一个战火纷飞的时代，又由于封建统治阶级对艺人的歧视，这位著名戏剧家的生平事迹留下来的很少，就连他的生卒年也无法确考，我们只能从某些古籍里得知一些有关他的情况。

元朝统治者对待文人，一方面是笼络利用，一方面是压抑歧视。官场龌龊，政治腐败。关汉卿对当时的社会现实极为不满，他没有去做官，不愿去充当蒙古贵族的帮凶，但他并没有因为不满现实而逃避现实，而是进入社会底层，同民间艺人生活在一起。关汉卿是当时书会才人中的佼佼者，他通过写杂剧来揭露社会的黑暗，寄托自己的理想。

关汉卿很有学识，多才多艺，他精通音律，会吟诗，会吹箫弹琴，会歌唱舞蹈，会下棋射猎，还懂得医学。关汉卿的一生主要从事戏剧活动，生活在地位低微的"倡优"（演员）中间，为他们写剧本，有时也登台演唱，自己亲自做起"倡优"来。

关汉卿在从事戏剧活动中，结识

关汉卿

了许多人，杂剧作家杨显之、纪君祥、梁进之等都是他的好友；关汉卿对女演员珠帘秀也有深挚的感情，曾写了一首《南吕一枝花·咏珠帘》的曲子赠给她。长期出入于勾栏和生活在"倡优"中间，使关汉卿能对下层社会有更深的了解，积累有丰富的舞台经验，但也使他沾染上浪荡的生活作风。这两方面，都对他的剧本创作产生过影响。

关汉卿留下的戏剧作品很多，其中特别优秀的作品有《窦娥冤》、《救风尘》、《单刀会》、《望江亭》等。《窦娥冤》是关汉卿的代表作。

《窦娥冤》写的是山阴书生窦天章因无力偿还蔡婆的高利贷，把七岁的女儿窦娥送给蔡婆当童养媳来抵债。窦娥长大后与蔡婆儿子成婚，婚后两年蔡子病死。后来蔡婆向赛卢医（即"赛扁鹊"的卢姓医生，其实是个庸医）索债，被赛卢医骗至郊外谋害，为流氓张驴儿父子撞见。赛卢医惊走后，张驴儿父子强迫蔡婆与窦娥招他父子入赘，遭到窦娥的坚决反抗。为了与窦娥成婚，张驴儿想毒死蔡婆。蔡婆有病，想吃羊肚儿汤，张驴儿把毒药倾在羊肚儿汤里，蔡婆因呕吐让给张驴儿的老子吃，把他老子毒死了。张驴儿以"药死公公"为名告到官府，贪官横加迫害，屈斩窦娥。后来窦天章考取进士，官至肃政廉访使，到山阴考察吏治。窦娥的鬼魂向她父亲诉冤，窦天章查明事实，

为窦娥昭雪了冤案。舞台上常演的有《斩娥》一折。

作品运用丰富的想象和大胆的夸张，设计了三桩誓愿的超现实情节，显示正义抗争的强大力量，寄托了作者鲜明的爱憎，反映了人民伸张正义、惩治邪恶的愿望。这是全剧刻画主人公形象最着力的一笔，是作品艺

《窦娥冤》剧照

术性的集中体现，使悲剧气氛更浓烈，人物形象更突出，故事情节更生动，主题思想更深刻。既洋溢着浓郁的生活气息，又充满奇异的浪漫色彩，具有震撼人心的艺术力量。

《窦娥冤》是一部悲剧。它取材于元代的社会现实，反映了当时社会的黑暗，从不同侧面，塑造了一个令人同情和崇敬的、有血有肉的、勇于反抗的窦娥的形象。《窦娥冤》的上演，对元代剧坛产生了巨大影响，从此揭开了元代戏剧兴盛繁荣的可喜局面。《窦娥冤》在我国戏剧发展史上占有很重要的地位。

七百多年来，《窦娥冤》在我国

中外戏剧

戏剧舞台上，一直盛演不衰。由于杂剧的唱腔和说白带有时代性和地方色彩，后代不同地区的戏曲，在搬演此剧时，多有所改编。明朝剧作家叶宪祖、袁于令曾经把它改编为昆剧《金锁记》。后来，在京剧中又根据《金锁记》改编为《六月雪》，著名京剧表演艺术家程砚秋在舞台上作了精湛的艺术创造，成为程派名剧之一。山西梆子《窦娥冤》还被拍成电影。清代王国维对《窦娥冤》评价很高。他说《窦娥冤》"即列之于世界大悲剧中，亦无愧色"。

《窦娥冤》不仅受到中国人民的喜爱，而且也受到世界人民的重视。早在一百多年前，《窦娥冤》就有法文译本。后来，日本也将《窦娥冤》译成日文本。

美妙绝伦的爱情史——《西厢记》

《西厢记》故事，最早起源于唐代元稹的传奇小说《莺莺传》，叙述书生张珙与同时寓居在普救寺的已故相国之女崔莺莺相爱，在婢女红娘的帮助下，两人在西厢约会，莺莺终于以身相许。后来张珙赴京应试，得了高官，却抛弃了莺莺，酿成爱情悲剧。亦相传是元稹假借为张生的自传体小说或故事。这个故事到宋金时代流传更广，一些文人、民间艺人纷纷将之改编成说唱和戏剧，王实甫编写的多本杂剧《西厢记》就是在这样丰富的艺术积累上进行加工创作而成的。

王实甫，大都（今北京）人，名叫德信，实甫可能是他的字。他的生卒年代已不可考，生平事迹很难找到资料。

他多半是一个"书会才人"，跟关汉卿一样，因怀才不遇，或仕途失意而转向戏剧创作的。王实甫沉沦下层，对瓦舍勾栏生活很熟悉，特别擅长于写"儿女风情"一类的杂剧。在当时剧坛上，已是一个有才华、有名望、有影响的作家。他的《西厢记》，被公认为出类拔萃、首屈一指的作品。

王实甫的《西厢记》杂剧出现以后，成为中国戏剧史上第一部篇幅最大、描写人物性格最细腻的作品，由于其反对封建礼教、门阀婚姻的主题具有深刻而普遍的意义，于是立刻在剧坛风行，并且产生了极深远的影响。

《西厢记》的戏剧冲突，是在一个很奇妙的环境中展开的。地点是佛寺，时间是崔氏一家扶灵归葬的几个月。本来，佛寺应是六根清净、修身养性的场所，而王实甫竟安排崔张在这里偷期密约，供奉菩萨的"庄严妙境"成了培育爱情之花的园圃。礼教规定："父丧未满，未得成合。"偏偏在父亲棺材还在这里搁着的时候，莺莺却生出了一段风流韵事。王实甫

《西厢记》封面

把春意盎然的事件放置在灰黯肃穆的场景中，这本身就构成了强烈的矛盾，它是对封建礼教的无情嘲弄，也使整个戏剧充满了浓厚的喜剧色彩。

《西厢记》的艺术特色主要表现在三个方面：巧妙的矛盾的设置、丰满的人物形象的塑造和精炼的语言技巧的运用。

《西厢记》的人物并不多，但每一个人物形象都十分丰满。这主要是因为每一个人物既有鲜明突出的个性特征，同时又具有多重性，就是说每一个人物的性格都得到了多侧面的刻画。张生的戏剧动作，主要是执着地追求与崔莺莺的爱情。王实甫笔下的张生，他没有在功名利禄面前的庸俗以及在封建家长面前的怯懦。张生出场时，作品还强调了他的"才高难入

俗人机，时乖不遂男儿志"的情志，通过他的眼睛，对九曲黄河壮观景色的描写，也表现了他的胸襟。这样，张生就不是某一概念的化身，而是一个有血有肉的人物形象。崔莺莺的形象也是如此，她的主要性格特征是作为一个相国小姐而能够冲破封建礼教的束缚追求自主的婚姻，同时，作品也十分真实地表现了这位相国小姐在反抗封建礼教过程中的动摇和矛盾，这也就是她的"假意儿"的实质。正因为作品充分、细致地表现了莺莺性格的复杂性，这一形象才具有了真实感人的艺术魅力。她的最突出的性格特征是正义感和聪明机智。红娘本是一个地位卑贱的丫环，但她却在崔和张实现爱情理想的过程中发挥极大的作用，并在与老夫人斗争中取得胜利。这不寻常的结果，都是红娘性格光辉的表现。在这过程中，作品细腻地写出了她的坚定、勇敢以及胜利的喜悦，同时也写出了她的恐惧、气愤以及蒙受委屈时的痛苦。

戏剧是语言的艺术，语言是戏剧的生命之所在。《西厢记》的语言，一向受到人们的称赞。徐复称赞它"字字当行，言言本色，可谓南北之冠"。所谓的"当行"，是指《西厢记》的语言符合戏剧的特点，能与表演结合，具有丰富的动作性。《西厢记》的语言具有非常鲜明的个性化特点。即使是唱词，作者也考虑到人物身份、地位、品格不同，使之呈现不

《西厢记》插图

同的风格。张生的文雅，郑恒的鄙俗，莺莺的婉媚，红娘的泼辣，无不具有独特的色彩。综观《西厢记》全剧语言的艺术成就，最突出的是把典雅的文学语言与白描性的白话口语巧妙地结合在一起，形成了一种既文采华丽，又朴实淡雅的风格。如果说"晓来谁染霜林醉？总是离人泪"富有浓郁的文学语言色彩，那么，第四本第三折中，"霎时间杯盘狼藉，车儿投东，马儿向西……"则显然又是充分的白话口语，二者自然熔为一炉，正是《西厢记》的风格。它的语言使人读来兴味盎然，满口生香。

明清以来有许多戏剧作家，对《西厢记》进行了改编。明人崔时佩、李日华、陆采都有《南西厢记》，清人又有《翻西厢》《续西厢》等等。在戏剧剧种中，差不多都有整本的《西厢记》。很多著名表演艺术家都有根据《西厢记》杂剧而改编的代表作。

在国外也有改编。新中国成立以后，苏联曾改编《西厢记》为《倾怀记》。朝鲜在古代时，曾有人完全根据《西厢记》的形式和结构，写成了《山水广寒楼记》。

《西厢记》对曲艺的影响也很大，鼓词、弹词的《西厢》十分著名。

此外，清代叶堂编订过《西厢记》杂剧的全套曲谱，明代唐伯虎、仇十洲、王文衡、陈洪绶、钱谷等，也都以《西厢记》为题材，绘制出许多名画。因此，可以说《西厢记》对音乐和绘画也都产生了重大影响。

还有，许多学者经过研究发现，《西厢记》对《红楼梦》的影响也是很明显的。今天，随着国际文化交流的日益频繁，《西厢记》不仅在国内，而且也将在国际舞台上，放射出更加绚丽的异彩。

浪漫主义的爱情丰碑——《牡丹亭》

汤显祖（1550—1616），字义仍，号若士，又号海若、清远道人等，江西临川人。他出身书香门第，从小学

汤显祖

习古文诗词，14 岁进学，21 岁中举，和同乡姜鸿绪等人结社唱和，文名才学远近皆知。

1572 年（明神宗万历元年），他进京赴试，由于不肯巴结权相张居正，所以屡试不中。直到张居正死后方中进士，但仍不被重用，只在南京做太常博士之类的闲官。1591 年，因上《论辅臣科臣疏》触怒皇帝，被贬为广东雷州半岛徐闻县典史，三年后迁任浙江遂昌县知县。任期五年，改革弊政，为人民群众做了很多好事，深受普通老百姓的爱戴。后因统治阶级内部矛盾加剧，政治形势日益艰险，他的政治理想无法实现，于是在 1598 年辞官回乡。

汤显祖的思想比较复杂，他的老师罗汝芳对他的影响很大。汤显祖还格外推崇当时的思想家李贽。他称赞李贽是"杰"，把李贽的言论比作为"美剑"。

汤显祖的戏剧创作，主要是在弃官回到临川老家以后完成的。隐居期间，他先后写出了《牡丹亭还魂记》（又叫《牡丹亭》）、《邯郸记》、《南柯记》三部大型传奇剧本，连同他早期的《紫箫记》（后改写成《紫钗记》），合称为"临川四梦"。其中《牡丹亭》是汤显祖的代表作，也是明代传奇的代表作。

《牡丹亭还魂记》（通称《牡丹亭》）是我国明代 1598 年（万历二十七年）间诞生的一部杰出的浪漫主义的爱情悲喜剧。这部长达五十五出，用了二百三十多支曲牌子，有近三十个角色的大型戏剧，标志着明代传奇发展的最高峰。《牡丹亭》的高度思想性和艺术性，使其成为我国戏剧文学发展史上的一个重要的里程碑。

《牡丹亭》写的是贫寒书生柳梦梅梦见在一座花园的梅树下立着一位佳人，说同他有姻缘之分，从此经常思念她。南安太守杜宝之女名丽娘，才貌端妍，师从陈最良读书。她由《诗经·关雎》章而伤春寻春，从花园回来后在昏昏睡梦中见一书生持半枝垂柳前来求爱，两人在牡丹亭畔幽会。杜丽娘从此愁闷消瘦，一病不起。她在弥留之际要求母亲把她葬在花园的梅树下，嘱咐丫环春香将其自画像藏在太湖石底。其父升任淮阳安抚使，委托陈最良葬女并修建"梅花庵观"。三年后，柳梦梅赴京应试，借宿梅花庵观中，在太湖石下拾得杜丽娘画像，发现杜丽娘就是他梦中见到的佳人。杜丽娘魂游后园，和柳梦梅再度幽会。柳梦梅掘墓开棺，杜丽娘起死回生，两人结为夫妻，前往临安。杜丽娘的老师陈最良看到杜丽娘的坟墓被发掘，就告发柳梦梅盗墓之罪。柳梦梅在临安应试后，受杜丽娘之托，送家信传报还魂喜讯，结果被杜宝囚禁。发榜后，柳梦梅由阶下囚一变而为状元，但杜宝拒不承认女儿的婚事，强迫她离异，纠纷闹到皇帝面前，杜丽娘和柳梦梅二人终成眷属。

青春版《牡丹亭》海报

　　剧本通过对杜丽娘、柳梦梅之间的生死离合爱情故事的描写，愤怒地谴责了封建礼教对青年男女的束缚，热情地歌颂了他们为追求自由幸福的理想爱情所进行的不屈不挠的斗争。这一戏剧的出现，在程朱理学统治最为猖獗的明代，有着极其深刻的现实

意义。它像黑暗王国的一把火炬，给人以希望和光明，激励着人们为追求美好的理想而奋斗。

　　《牡丹亭》问世之后，在当时社会产生的反响是强烈的、巨大的。它"家传户诵，几令《西厢》减价"。那些处于封建礼教重压下的广大妇女，尤其喜欢这部剧作。据传说记载，娄江女子俞二娘读了《牡丹亭》，因感伤自己的身世断肠而死；杭州女演员商小伶失恋之后，在演出《牡丹亭》时，触景伤情而昏死在舞台上。这些记载，不管事实有无，都可证明《牡丹亭》一剧，在当时的文坛、剧坛和群众中曾产生多么大的影响。许许多多的青年女子，从杜丽娘的身上看到了自己的影子，并从她的爱情中得到鼓舞。这正是《牡丹亭》产生后立即轰动剧场、至今上演不衰的重要原因。

　　《牡丹亭》的积极浪漫主义的表现方法对后世的影响也是深远的。作者运用大胆的想象、艺术的夸张和曲折离奇的戏剧情节，将现实社会同阴曹地府统一起来，将人与鬼统一起来，从而塑造了高度理想化的人物形象，表达了自己的理想和愿望，完成了反封建礼教的主题。《牡丹亭》浪漫主义和现实主义的高度统一，使其成为后来文人学习、借鉴的一个典范。对于这种浪漫离奇的表现手法，汤显祖在《牡丹亭》题词中说："如丽娘者，乃可谓之有情人耳。情不知所起，一往而深，生者可以死，死可以生。生而不可与死，死而不可复生者，皆非情之至也。"并且认为这样的情节安排是"理之所必无，情之所必有"。

《牡丹亭》是我国戏剧史上一部划时代的浪漫主义杰作，它在思想性方面，在艺术性方面都取得了突出的成就，这是人们所公认的。

中国话剧的里程碑——《雷雨》

曹禺（1910—1996），原名万家宝，字小石，祖籍湖北潜江，生于天津一个没落的封建官僚家庭，中国现代杰出的戏剧家，著有《雷雨》、《日出》、《原野》、《北京人》等8部剧本。其中《雷雨》是他影响最大的作品。

《雷雨》以1923年前后的现实生活为背景，通过青春生命的毁灭，"表现天地间的残忍"、"在毁灭中体现人的生命价值，探讨人的生存意义"，揭露了一个官僚资产阶级家庭的罪恶，让人们从中看到了旧中国的腐朽和黑暗。

周朴园是全剧矛盾的聚焦点，是造成两个家庭不幸的罪魁。他是某煤矿的董事长，有鲜明的个性，自负峻厉，唯利是图，"只要能弄到钱"，他"什么也做得出来"。他表面上道貌岸然，实际上凶狠狡诈。他年轻时勾引、玩弄了侍萍；为了娶一位有门第的小姐，在大年三十的晚上硬将生了小孩才三天的侍萍赶走，以致逼得她投河自杀。对侍萍，他既有怀念的一面，又有冷酷无情的一面。周朴园在家里，对妻儿凶横、专制，"他的意见就是法律"，要求家人对他绝对服从。但是，他的压迫引起了反抗——他在社会上对工人压迫的结果引起了工人的罢工；在家里实行封建专制的结果，引起了繁漪和他的对立。周朴园在矿上和在家里都遇到了麻烦和反抗，无法得到"平静与圆满"。这种家庭生活和社会生活的混乱，反映了当时急风暴雨式剧变的社会现实。

繁漪是周朴园的妻子，是一个受过新式教育的美丽女性。她有"原始的一点野性"，"跟一切年轻的女人一样，她会爱起你来像一团火，那样热烈，她恨起你来，也会像一团火，把你烧毁的"。她35岁，与55岁的周朴园在年龄上是很不般配的，两人之间没有爱情可言。周朴园对她的"关心"，不过是要她给"孩子做个服从的榜样"。令人窒息的周公馆，对她而言犹如"一口残酷的井"，这使她心中蓄满了"忧郁"，"充满了一个年轻妇人失望后的痛苦与怨望"。她表面文弱哀静，实际上"她有火炽的热情、一颗强悍的心，她敢冲破一切的桎梏"。为反抗枯死、闷死的命

中外戏剧

运，逃避压抑的生活，她把一个女人最珍贵的一腔情爱，寄托在辈分上是她"儿子"的周萍身上，"抛弃了神圣的母亲的天责"。可是，周萍对她始乱终弃，这使她陷入了更深的矛盾和痛苦中。为了继续得到周萍的"爱"，她尽一切可能阻止周萍与四凤相好，最后公开了和周萍的乱伦关系，"做一次困兽的搏斗"……繁漪是个不幸的女人，作者对她倾注了一腔的怜悯和同情，说她"有着美丽的心灵"，"她不悔改，她如一匹执拗的马，毫不犹豫地踏着艰难的老道。她抓住了周萍不放手，想重拾起一堆破碎的梦，救出自己……"

侍萍是一个被侮辱与被损害的劳动妇女，心地纯朴、善良，对子女充满母爱，尝遍了人生的悲苦。她对造成她一生不幸的周朴园，善良到连恨都恨不起了，只是把一切的不幸归于"命"。

周萍好冲动，性格怯懦，是个资产阶级少爷。他生活颓废，心灵空虚，从酒和"爱"中寻求刺激。他害怕、后悔、痛恨自己与后母繁漪的淫乱关系，心中充满矛盾。他喜欢四凤，是看到了四凤身上流动的"青春"、"美"、"活力"，正是他最需要的。"他抓住了四凤不放手，想由一个新的灵魂来洗涤自己。但这样不自知地犯了更可怕的罪恶，这条路引到死亡。"他与四凤是同母异父的兄妹，这也是一种乱伦……

周冲和四凤，都是十七八岁，正值人生中最美好的年华。他们单纯、幼稚、坦率，是剧中两个无辜的牺牲者。尤其是周冲，他是全剧最讨人喜欢的人，"在《雷雨》郁热的氛围里，他是个不调和的谐音。有了他，才衬出《雷雨》的明暗。"他永远生活在自己的理想里，对社会、对家庭、对爱情，他有许多憧憬，他一次次地被现实的铁锤敲破他的"梦"。"抓住他心的，并不是四凤，或者任何美丽的女人。他爱的只是'爱'，一个抽象的观念，还是个渺茫的梦……使他伤心的，却不是因为四凤离弃了他，而是哀悼着一个美丽的梦的死亡。"他是"烦躁多事的夏天里的一个春梦"，"是一个梦幻者探寻着自己"……周冲和四凤两个"青春生命的毁灭"，使全剧剧情到达最高潮，也最震撼人心。

《雷雨》的成功，固然因为它的悲剧色彩，但它的语言的极具表现力，也是它成功的原因。它的人物语言，很个性化，潜台词很丰富，有力地表现了人物的内心世界和性格特征。剧作的语言，具有诗意，表现了曹禺的诗人气质——"像是在一个冬天的早晨，非常明亮的天空……在天边的海上……有一只轻得像海燕似的小帆船。在海风吹得紧，海上的空气闻得出有点腥、有点咸的时候，白色的帆张得满满的，像一只鹰的翅膀，斜贴在海面上飞，飞，向着天边飞。

那时天边上只淡淡地浮着两三片白云，我们坐在船头，望着前面，前面就是我们的世界……"这是周冲在鲁贵家对四凤诉说他的"白日梦"，这样的语言很有诗意，很好地表现了周冲这个"梦想者"。此外，整个剧情是在"雷雨"来临之前和"雷雨"倾盆狂泻之中展开的，作者以天气的描写来烘托剧情的氛围，这也是《雷雨》获得成功的一个原因。

悲剧，就是"把有价值的东西毁灭给人看"。《雷雨》是一个大悲剧，写的是周、鲁两家的悲剧命运，繁漪、周萍、周冲、四凤、侍萍，都是悲剧人物。《雷雨》最大的成功，便是对剧中人物作为"人"的人性，作了最生动、最真实、最淋漓尽致的表现，没有任何的"概念化"的图解。五四以来的剧作，《雷雨》也许是最好的："它不是诗，但有诗意；不是蜜，但能粘住东西；不是橄榄，但愈嚼愈甘甜，愈嚼愈有味。"它是"一种情感的憧憬"，是超越时空的一种存在……

借古喻今的历史剧——《屈原》

《屈原》作者郭沫若（1892—1978），原名开贞，号尚武，笔名沫若、鼎堂、麦克昂等，四川乐山人，现当代诗人、剧作家、历史学家、古

《屈原》剧照

文学家、社会活动家。

1918 年初夏写的《死的诱惑》是他最早的新诗。1919 年五四运动爆发，他在日本福冈发起组织救国团体夏社，投身于新文化运动，写出了《凤凰涅槃》、《地球，我的母亲》、《炉中煤》等诗篇。1921 年 6 月，他和成仿吾、郁达夫等人组织创造社，编辑《创造季刊》。1923 年，他在日本帝国大学毕业，回国后继续编辑《创造周报》和《创造日》。1924 年到 1927 年间，他创作了历史剧《王昭君》、《聂嫈》、《卓文君》。1928 年流亡日本，1930 年加入中国左翼作家联盟，参加"左联"东京支部活动。1938 年任中华全国文艺界抗敌协会理事。这一时期创作了以《屈

原》为代表的 6 个历史剧。

1942 年 1 月,郭沫若以 10 天时间完成了他的杰作《屈原》。《屈原》取材于战国时代诗人屈原的事迹,但剧本并未拘泥于实事,而是把屈原与楚怀王为首的统治集团的矛盾集中在一天之内,以南后对屈原的引诱不成,阴谋陷害为主线,以屈原的弟子宋玉变节攀附权贵,而侍女婵娟却代屈原误饮毒酒而死为陪衬,生动地表现出伟大诗人忧国忧民、不畏强暴、磊落坚贞、大义凛然的崇高品质。屈原在暴风雨中的悲愤呼号"雷电颂",借用"道义美的化身"和"诗的魂"的婵娟之死,控诉了旧中国的黑暗,道出了广大人民的心声,引起当时观众的强烈共鸣。这是中国话剧史上的光辉一页。

《屈原》全剧以楚王对秦外交上两条路线斗争构成的戏剧冲突,通过屈原与南后一伙的激烈斗争,成功地塑造了屈原这一光辉的文学典型以及其他人物形象。

屈原是作者用浓墨重彩着力刻画的主要人物,是一个伟大的政治家、诗人的典型。在战乱年代忠于祖国和人民,看清秦吞并六国的野心,力主联齐抗秦,遭到亲秦投降派和一些腐败贵族的反对和陷害。在蒙冤受害之时,还念念不忘祖国的前途和人民的命运,与投降卖国之人进行了不屈不挠的斗争。屈原这一形象较完美地把有理智与远见卓识的政治家品格,与

激情充沛的诗人气质结合于一身。这一人物形象深刻地表现了为祖国和人民不畏暴虐、坚持斗争的主题。

《屈原》一剧中穿插了相当数量的抒情诗和民歌。著名的有《橘颂》、《雷电颂》等。全剧开始时,屈原朗诵了《橘颂》,结合屈原对于其内容的阐发,展露了屈原的人生理想、抱负。婵娟死后,《橘颂》再次出现,首尾呼应,以强调"不屈不挠,为真理斗到尽头"的主题。《雷电颂》的出现把全剧推向高潮,它"不仅是刻画屈原典型性格最重要的一笔,也使剧本的主题异常鲜明突现出来","那是郭老把自己胸中对国民党反动派统治的愤恨,借屈原之口说出来的。《雷雨颂》是郭老代表国统区人民对国民党反动派的控诉"。

郭沫若创作《屈原》的目的在于借古喻今,一方面借古代昏庸的统治者卖国投敌、陷害忠良的历史事实影射现实中国民党统治者扼杀言论自由、摧残进步力量的倒行逆施,以达到戏剧为政治服务的目的。另一方面作者借屈原之口,唱自己的歌,倾泻对现实的愤懑之情。《屈原》一剧产生于抗日战争最艰难的岁月里;有力地配合了现实的政治斗争,在国统区产生了极大的影响,从中我们不难看出郭沫若历史剧的现实主义特点和时代精神。

话剧史上的典范——《茶馆》

老舍生于北京的一个贫穷家庭，他的作品深受读者的喜爱。曾任小学校长、中学教员、大学教授。他原名舒庆春，字舍予，老舍是他的笔名。因为老舍生于阴历年底，所以父母为他取名"庆春"，大概含有庆贺春来、前景美好之意。舒庆春上学后，自己更名为舒舍予，"舍予"是

老舍茶馆

"舒"字的分拆：舍，舍弃；予，我。含有"舍弃自我"，亦即"忘我"的意思。他一生发表了大量影响后人的文学作品，获得"人民艺术家"的称号。老舍创作了《龙须沟》、《春华秋实》、《茶馆》、《归去

来兮》、《张自忠》、《大地龙蛇》等多部话剧。

其中《茶馆》是老舍所有剧作中的"扛鼎之作"。三幕戏的时间跨度跨越几十年，也跨越了几段不同的年代，其内容的宏阔首先就使人赞叹。一个小小的舞台，两三个小时的戏，承载和浓缩了那么多精深内蕴，作者若不是博大精深，哪里会有戏的博大精深？贩夫走卒，清朝遗老，流氓骗子，官家小民，都从那些年代走来，把自己的所思所想、所爱所恨，也把自己的嘴脸和本性一并带来，在时代的背景上淋漓尽致地表演自己，也演绎那个浑浊不堪的时代。看着这戏，甚至看着这本子，我们禁不住就眼花缭乱了。在这眼花缭乱中感叹戏的丰厚，也似乎读懂了很多东西。

看这部戏，你会对老舍先生的深厚功力——驾驭人物的功力、语言的功力、构架的功力等等佩服得五体投地。那么多的人物，都任他调度，招之即来，挥之即去，每一个都活灵活现，入木三分。有的角色就那么一两句台词，却精彩得令人叫绝，使你留下难忘印象。就这一点上说，《茶馆》里是有小人物，但没有小角色，都很重要，缺一不可。老舍是满族人，北京人，对老北京的那一套实在是烂熟于心，信手拈来，就是十足的京腔京味京人习性，所以《茶馆》里漫溢和渗透出来的那种京城的民风民俗的东西，原汁原味，鲜香浓烈，

台上人物的一举手一投足，只言片语，就透出那种文化氛围。且《茶馆》的包容性极大，贵族的、民间的，雅的、俗的，都融在其中，相映成趣。

话剧的精髓是对话，也就是人物的台词。《茶馆》的最佳特色也就是它的语言艺术的高妙，很是体现了老舍的那种机智、幽默。从开头到结尾，我们品味其中的任何一句话都那么有味道，似乎都"话中有话"。王利发的、庞太监的、秦老板的以及所有人物的话，都可以咀嚼，且都妙趣横生。如王利发王老板在剧尾已老迈之时有一句话："年轻时喜欢吃花生米儿，那时没有吃；现在花生米儿是有了，牙却没有了。"苍凉感顿显。

《茶馆》是一部结构特殊的戏剧，用的是一种典型的人像展览式的戏剧结构，它展览了70多个形形色色人物的生活风貌和性格特点，揭示了社会的一角。这又从另一个方面，体现了老舍的创新精神。老舍为了表现葬送三个旧时代的主题要求，在结构形式上大胆地进行新的尝试，突破了抱住一件事去发展剧情的"老套子"，在中国的话剧史上，成功地创造了一种新的散文化的结构形式，博得了中外观众的高度评价。

用传统的戏剧观看《茶馆》，它没有连贯的情节，时间跳跃大，三幕戏囊括了50年的三个不同时代的旧中国社会的历史状况。戏剧通过一个固定不变的地点——茶馆，展示了三个时代的真实画面，叙说了50年间发生在这里的不同事件。这些事件由登场的70多个人物之间的各种矛盾冲突组成，没有绝对的中心人物和中心事件，矛盾冲突随上场的人物的变换而变换。这种结构特点，就像当今的一场时装表演会，通过一系列模特儿上场表演，将全剧组构为一个整体。

《茶馆》中人物的性格是独特丰富的，又是在与社会的撞击中发展的，因而呈现出一种丰富的发展和发展中的丰富。而人物语言随着性格发展而变化，语言变化而又反映了性格变化，水乳交融，极其朴素自然。《茶馆》语言不但反映出人各有貌，神情毕肖，而且更揭示出每个人心理都有很多东西，几乎每个人物都是一个丰富多彩独特的世界。仅就王利发这个人物在一天中的活动来看，是如此复杂多变而又和谐统一：他极端自私却舍得送茶给没出息的唐铁嘴喝，他在劝架时内心向着正直的常四爷，却在常四爷送面给那卖女儿的乡妇吃时泼冷水。

《茶馆》语言散发出浓淡宜人的幽默味。如："改良改良！越改越凉，冰凉！什么都改良，为什么工钱不跟着改良呢？不改我的良，我干不下去了！"这类利用汉语的发音和词句结构的特点造成幽默效果的语言，并不多见，但是老舍先生把它运用得恰到好处，既寓深意，又显示出说话者没有文化的可笑性。

生存还是毁灭——《哈姆雷特》

莎士比亚（1564—1616），英国文艺复兴时期伟大的剧作家、诗人，欧洲文艺复兴时期人文主义文学的集大成者。一生写了 37 部戏剧，部部是经典。其中《哈姆雷特》、《奥赛罗》、《李尔王》、《麦克白》是莎氏的最著名的四大悲剧，而《哈姆雷特》影响最大，是代表作中的代表作。

哈姆雷特是丹麦一位富于人文主义理想的王子。他本来在德国念大学，回国时他父王已暴亡，他的叔父克劳狄斯做了新国王，他母亲很快改嫁给他叔父。哈姆雷特对父亲的暴亡和母亲的改嫁，感到非常悲愤。正在他哀痛之时，他父亲的鬼魂出现，告诉他自己是被他叔父谋杀的，并命他复仇。哈姆雷特不敢完全相信鬼魂的话，迟迟不能采取复仇的行动。他心烦意乱，犹豫不决。为了掩人耳目，他开始装疯，但他的叔父并不相信他是真的疯了。克劳狄斯派哈姆雷特的两个老同学和哈姆雷特的情人奥菲莉娅来试探哈姆雷特，想由此知道王子的心事。在重重诡计的包围之下，哈姆雷特利用一个戏班子进宫演出的机会，把《贡扎果谋杀案》稍加改编，以此试探国王的反应。演出尚未结束，克劳狄斯就仓皇离去。这就进一步证实了他做贼心虚和谋杀的罪行。在克劳狄斯的指使下，母后召王子到她房中谈话。哈姆雷特发现有人在幕后偷听，误以为是克劳狄斯，拔剑把他刺死。不料隐藏在幕后的不是他叔父，而是他的情人的父亲。奥菲莉娅因丧父而发疯，溺水而死。克劳狄斯认为自己的罪恶已被王子识破，就设计打发他到英国去，并写密信给英王要英王处死哈姆雷特，幸而在半路上哈姆雷特识破奸计，脱险逃回，使阴谋未能得逞。克劳狄斯一不做二不休，又设下毒计：利用奥菲莉娅的哥哥莱欧提斯急切要为父亲和妹妹复仇的心情，让莱欧提斯与王子比剑，准备了真剑、毒剑和毒酒，一定要置哈

莎士比亚

姆雷特于死地。在比剑过程中，母后误饮毒酒，毒发身亡。莱欧提斯用毒剑刺伤了哈姆雷特，哈姆雷特用夺过来的毒剑刺伤了莱欧提斯。临死时，莱欧提斯揭发了克劳狄斯的罪恶阴谋，哈姆雷特无比愤怒，用毒剑、毒酒杀死了克劳狄斯，他自己也因毒性发作而死。最后一幕是故事的高潮，整个剧情惊心动魄——真是一出大悲剧！

两个儿子都在为各自的父亲报仇，两个儿子都死在这种仇杀里面。两个家庭毁灭了——哈姆雷特家和奥菲莉娅家。克劳狄斯是头号凶手，因垂涎于王后的姿色，在淫欲与权欲的支配下，他谋杀了自己的哥哥，奸淫了自己的嫂子。这多么荒唐！血缘的关系发生了移位，本是叔叔的成了叔叔兼父亲，本是母亲的成了婶婶兼母亲。这既荒唐又令哈姆雷特尴尬异常，而全部荒唐的始作俑者是克劳狄斯。篡位与乱伦，尴尬与荒唐，须以彻底的毁灭为终结！

哈姆雷特是一位忧郁的王子，在为父复仇的过程中，他一再迁延，错失良机。按弗洛伊德的见解，这是"恋母情结"所致。哈姆雷特无意识中的恋人是他的母亲，他的叔父杀了他的父亲娶了他的母亲，不过是他自己弑父娶母的形式转换。所以，剧中他叔父的角色，实际上是哈姆雷特自己；他要杀死他的叔父，实际上是要杀死他自己。因此，面对等于是自杀的复仇，他顾虑重重，迟迟下不了手——这真是石破天惊的分析！

莎氏的剧作，往往选取民间传说、家喻户晓的古代史料，甚至当时的旧剧本为题材，但是表现了非凡的创造性。他能联系现实，推陈出新，使作品具有深刻的社会意义和时代特征。

《哈姆雷特》取材于12世纪的一段丹麦史，而反映的却是英国当时的社会现实——"一个颠倒混乱的时代"。莎士比亚把一段中世纪的封建复仇故事，改写成一部深刻反映时代面貌和英国现实，具有强烈反封建意识的悲剧，表现了伟大的批判力。

《哈姆雷特》中，有非常精彩的台词，表现了作者抒情诗人的本色和横溢的才华。"生存还是毁灭"那段独白、哈姆雷特痛斥他母亲的那段台词，可说字字不朽！剧本的成功，不独来自故事的动人，也来自台词的精彩和震撼力。莎氏的剧作，善用独白揭示人物的内心世界；在情节上非常紧凑，有惊心动魄的戏剧冲突；在人物塑造上，展示了人物丰富而又矛盾的性格……这些都体现在《哈姆雷特》这部剧作当中。莎氏的创作，在艺术上很成功，对人生和人性的深刻而惊人的揭示，是莎剧的一大特点，使莎剧成为不朽之作。

莎士比亚以他的天才剧作，成为经典作家。除四大悲剧外，他的其他名剧还有《罗密欧与朱丽叶》、《威尼斯商人》、《雅典的泰门》等。莎氏之所以成为文学史上不可逾越的一座高山，就在于他的剧作几乎都是经典之作。

"一千个读者，就有一千个哈姆雷特。"——撇开这部剧作的伟大不说，仅仅因为这句名言，就该读一读《哈姆雷特》，看看自己读出的哈姆雷特是一个什么样的人。

幽默与讽刺大师——萧伯纳戏剧

萧伯纳（1856—1950），英国戏剧家。1925 年"因为作品具有理想主义和人道主义"而获诺贝尔文学奖，是英国现代杰出的现实主义戏剧作家，是世界著名的擅长幽默与讽刺的语言大师。萧伯纳的一生，是和社会主义运动发生密切关系的一生，他认真研读过《资本论》，公开声称他是"一个普通的无产者"，"一个社会主义者"。然而，由于世界观上的局限性，他没能成为无产阶级战士，而终生是一个资产阶级改良主义者。

萧伯纳的戏剧最突出的特点是紧密结合现实政治斗争，敢于触及资本主义社会最本质的问题，把剥削阶级的丑恶嘴脸暴露在公众面前。在艺术手法上，他善于通过人物对话和思想感情交锋来表现性格冲突和主要思想。萧伯纳的戏剧性语言尖锐泼辣，充满机智，妙语警句脱口而出。他最

著名的剧作有《鳏夫的房产》、《华伦夫人的职业》、《武器与人》、《真相毕露》等。其喜剧作品《卖花女》被改编为音乐剧《窈窕淑女》，该音乐剧又被好莱坞改编为同名卖座电影而家喻户晓。20 世纪 30 年代初，萧伯纳访问前苏联和中国，与高尔基、鲁迅结下诚挚友谊。

19 世纪的英国戏剧一蹶不振，萧伯纳嘲笑它们是迎合低级趣味的"糖果店"，他认为戏剧应该依赖对立思想的冲突和不同意见的辩论来展开。不过，当他听了评剧家朗诵了易卜生的剧本《培尔·金特》后，感受到"一刹那间，这位伟大诗人的魔力打开了我的眼睛"。于是开始对戏剧产生浓厚的兴趣，专心研究易卜生的剧本，并写下了《易卜生主义的精华》一书，这部书在欧洲戏剧史上有着重要的地位。在易卜生的影响下，萧伯纳认识到戏剧这个武器，不仅能扫荡英国舞台的污秽，而且能倾诉自己对这个黑暗现实社会的不满，于是，他立志要革新英国的戏剧。

1892 年，萧伯纳正式开始创作剧本，他的第一个戏剧集《不愉快的戏剧集》，其中包括《鳏夫的财产》、《华伦夫人的职业》、《荡子》三个剧本；第二个戏剧集包含有《武器与人》等 4 部剧本；第三个戏剧集《为清教徒而写的戏剧集》包含《魔鬼的门徒》等 3 个剧本。他的戏剧果真改变了 19 世纪末英国舞台的阴霾状

中外戏剧

况。他本人也成了戏剧界的革新家，掀开了英国戏剧史的新的一页。

1896 年萧伯纳结了婚，婚姻改变了萧伯纳的一些生活习惯，唯一不变的是他对戏剧的热爱，写出了《英国佬的另一个岛》、《巴巴拉少校》、《皮革多利翁》、《伤心之家》、《圣女贞德》等大量优秀的作品。

1950 年 11 月 2 日，萧伯纳在赫特福德郡埃奥特圣劳伦斯寓所因病逝世，终年 94 岁。萧伯纳毕生制造幽默，他的墓志铭虽只有一句话，但恰巧体现了他的风格："我早就知道无论我活多久，这种事情早晚总会发生的。"

伟大的问号——《玩偶之家》

易卜生（1828—1906），是一位影响深远的挪威剧作家，被认为是现代现实主义戏剧的创始人。他的主要作品有《玩偶之家》、《人民公敌》、《培尔·金特》等，其中最具代表性、影响最大的是《玩偶之家》。

《玩偶之家》剧本出版两个星期后，就在丹麦的哥本哈根皇家剧院首次公演。

大幕拉开，观众们看到舞台上出现的是奥斯陆一个银行经理海尔茂的家。快到圣诞节了，这个家庭多么温馨啊。圣诞树送回来了。海尔茂温情地称呼妻子娜拉"小宝贝"、"小鸽

易卜生

子"。他爱自己的妻子，从不在外寻花问柳、酗酒闹事。娜拉好像也挺幸福，她结婚八年，成了三个孩子的母亲。好几年前，由于海尔茂患病要去疗养，娜拉手头没钱支付，百般无奈只得背着海尔茂假冒自己父亲的签字，向银行借债送丈夫去看病。这些年来，她省吃俭用存钱还了这笔债。

眼下，升任经理的海尔茂要解雇职员柯洛克斯泰。柯洛克斯泰是当年娜拉冒名借款的知情者，他不愿失业，写信向海尔茂告发此事，威胁他。海尔茂看信后居然对娜拉大发雷霆。当柯洛克斯泰听人劝说后，写信表示绝不再提此事时，海尔茂又对娜拉亲热起来。这番周折让娜拉终于看清丈夫海尔茂的虚伪本质，也明白自己在家中只是海尔茂的玩偶和消遣的东西。她愤然离开了这个家。

《玩偶之家》形象生动地批判了资产阶级的市侩和虚伪本质，揭露了男权社会对妇女的压迫。它的上演引起了轩然大波。

"此戏鼓励妇女不顾家庭、丈夫和女儿，独自出走，简直是伤风败俗……""这出话剧的结局，应该改成娜拉放弃出走的念头才对……"

这种用"道德"来否定《玩偶之家》意义的言论，使易卜生面临巨大的压力。但易卜生坚持自己的立场，继续写出《群鬼》、《人民公敌》等戏剧，用作品反击那些披着道德外衣的伪君子的恶毒攻击。

《玩偶之家》的结尾——娜拉出走之后向何处去，是个问号。易卜生这类揭露现实的戏剧，没有走传统戏剧在剧情高潮中解决问题的老套路，而是提出问题，激发观众去思考。因此他的戏剧被称为"伟大的问号"。

《玩偶之家》，可以说对中国现代文化的影响，特别是对中国话剧的形成、创作以及发展，具有重要的作用。

中国人在引进西方戏剧之初，明显带有为我所用的目的。五四新剧的倡导者们特别钟情于挪威剧作家易卜生的戏剧。不仅《新青年》曾出版"易卜生专号"，胡适推崇并介绍过"易卜生主义"，而且一些有志于创造中国现代戏剧的青年，如洪深、田汉等，均把"做中国之易卜生"当做自己的人生理想。

在《玩偶之家》的影响下，胡适首先创作了《终身大事》。剧中田小姐和陈先生恋爱，而其父母竟以几百年前田陈一家的荒谬理由，干涉他们的婚姻。田小姐留下"孩儿的终身大事，孩儿该自己决断"的字条，与陈先生一起出走。此后，欧阳予倩的《泼妇》、熊佛西的《新人的生活》、郭沫若的历史剧《卓文君》、白薇的《打出幽灵塔》等，塑造了一批出走者形象，被称为"娜拉剧"。这批剧目，不但是追求人格独立和个性解放的思想象征和载体，而且呈现出五四话剧最初的现实主义的特色。

中外戏剧

美国精神读本——《富兰克林自传》

本杰明·富兰克林（1706—1790），美国历史上第一位享有国际声誉的科学家和发明家，被举世公认为现代文明之父、美国人的象征。同时，他还是杰出的外交家、出版家、作家和社会实业家。他参与起草了《独立宣言》和美国宪法，创办了《宾夕法尼亚报》，著有《电学实验与研究》、《论天空闪电和我们的电气相同》、《穷理查历书》和《富兰克林自传》等，其中《富兰克林自传》是一部影响了几代美国人、历经两百多年经久不衰的励志奇书，被公认为是改变了无数人命运的美国精神读本。

在美国文化史上，《富兰克林自传》的出版具有划时代的意义。它在1771年动笔，1788年完成，前后历时17年之久。这部传记可以说是在读者如饥似渴的等待中出版的。一经问世，立刻被翻译为法文，被一抢而光。世界各地，青年人都希望学习富兰克林成功的秘诀，他们把这部书当成"人生指导"读物。富兰克林写出了"美国梦"，"到美国去发财致富"成了影响力很大的口号。这正是当下中国一代青年的梦想。

一位饱经风霜的老人，以拉家常的方式，把自己成功的经验和失败的教训娓娓道来，整部自传既不哗众取宠，又不盛气凌人，在通俗易懂的叙述中不时迸发出睿智和哲理的火花，其文字朴素幽默，叙事清楚简洁，使读者倍感亲切而易于接受。《富兰克林自传》开创了美国传记文学的优良传统，从此，自传成为一种新的文学体裁。

《富兰克林自传》是一部影响了几代美国人历经百余年经久不衰的励志奇书，它包含了人生奋斗与成功的真知灼见，以及诸种真善美的道德真谛，被公认为是改变了无数人命运的美国精读本。毋庸置疑，他也是历史上最杰出最成功的人士之一。这本书告诫了人们要远离陋习，远离平庸，从而提高生活品位，健全人格，达到自我完善的目的。

纵观富兰克林一生，他并没有太优越的成长环境，应该说是比较平淡的出场。1706 年出生于北美洲的波士顿，在家里 17 个孩子中排行十五。他进过两年学校，后因家境窘迫辍学。12 岁时在哥哥的印刷铺里学徒，学徒的日子很艰难，然而他却利用学徒的闲暇时间刻苦学习，阅读了大量的书籍，在政治、科学、历史、文学等方面打下了扎实的基础。他还通过自学能熟练的运用法语、意大利语、西班牙语和拉丁语。

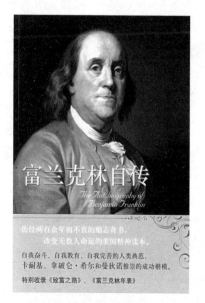

《富兰克林自传》封面

1726 年富兰克林自营印刷工厂，从此事业蒸蒸日上。创造了一个美国梦的传奇故事：他印刷并发行影响巨大的《宾夕法尼亚报》；他发明了避雷针、两用眼镜、新式火炉和新式路灯；他率先提出了北美殖民地"不联合就死亡"的口号，起草《独立宣言》。

《富兰克林自传》一书里的许多人生箴言都是富兰克林经验和智慧的结晶，读此书不但要感悟那些人生箴言，还要结合自身人性修养等方面完善自我，本书每一章讲述的都是他生活的真实写照、做人做事的道理，能给人很多启发。

在他看来，读书是他打开幸福成功之门的钥匙。书是无价之宝，读书是他最大的快乐。他写的这本书也同样会给予我们智慧，坚定我们的决心，让我们能够随智慧而行。

富兰克林十分重视自己的美德。因此，他给自己提出了 13 个要求，分别是：节制、沉默寡言、生活有序、决心、俭朴、勤勉、诚恳、公正、中庸、清洁、平静、贞洁和谦逊。他一直在尽力地做到这些，尽管他也很难完全达到要求，但他还是坚持不懈。

富兰克林曾说过这样一句话："在我看来，能够给人类带来幸福的，与其说是千载难逢的巨大的幸运，倒不如说是每时每刻发生在他们身边的琐细的小事。"这句很有启发性的话

名人传记

提醒了人们：不要只顾那些百年不遇的幸运，而忽略了身边的小事。这句话也很好地解释了富兰克林的那些造福人类的发明和他成为发明家的原因。

富兰克林能在如此多的领域做出对世界产生影响的事，在很大程度上依靠他的习惯，因为好的习惯能影响一个人的一生。

震撼人类心灵的传记——《假如给我三天光明》

马克·吐温说："19 世纪有两个值得一提的人，一个是拿破仑，一个是海伦·凯勒。"

海伦·凯勒出生于 1880 年，她是一个可爱又聪明的女孩，大家都非常喜欢她。然而就在她 19 个月时，可怕的病魔占据了她的身体。据当时的医生所言，海伦·凯勒得的是急性胃充血和脑充血，已经无济于事了。但奇迹却发生了，这个女孩突然高烧直退，家人欣喜若狂，可女孩的视觉和听觉已完全被病魔带走了，她成了一个又盲又聋又哑的残疾人。

小海伦发现自己变成了一个又盲又聋又哑的残疾人后，像被噩梦吓倒一样，全身惊恐。她想，她一辈子也只能在寂静和黑暗中度过了！

小海伦知道自己的残障，便自暴自弃，只要大人们稍不注意她或看不

懂她的手势，她就像一匹野马长嘶、咆哮、踢、打，家里人也只好顺着她的打、她的踢，直到小海伦的家庭教师——安妮·沙莉文到来为止。

1887 年，当小海伦才 6 岁 9 个月时，为她以后成材、再塑她生命的人来了。那人就是小海伦的家庭教师——安妮·沙莉文——一个缔造海伦·凯勒传奇的了不起的女性。

在她的老师安妮·莎莉文的帮助下，海伦用顽强的毅力克服生理缺陷所造成的精神痛苦。她热爱生活并从中得到知识，学会了读书和说话，并开始和其他人沟通，而且以优异的成绩毕业于美国拉德克利夫学院，成为一个学识渊博的人，掌握英、法、德、拉丁、希腊五种文字的著名作家和教育家。她走遍美国和世界各地，为盲人学校募集资金，把自己的一生献给了盲人福利和教育事业。她赢得了世界各国人民的赞扬，并得到许多国家政府的嘉奖。

海伦·凯勒一生一共写了 14 部著作，《我的生活》是她的处女作。作品一发表，立即在美国引起了轰动，被称为"世界文学史上无与伦比的杰作"，出版的版本超过百余种，在世界上产生了巨大的影响。《假如给我三天光明》由海伦·凯勒的《我的生活》、《走出黑暗》和《老师》三本书以及发表在美国《大西洋月刊》上的著名散文《假如给我三天光明》编译而成，完整而系统地

介绍了海伦·凯勒丰富、生动、真实而伟大的一生。

她说："我的身体虽然不自由，但我的心是自由的。""身体上的不自由终究是一种缺憾。我不敢说从没有怨天尤人或沮丧的时候，但我更明白这样根本于事无补，因此我总是极力控制自己，使自己的脑子不要去钻这种牛角尖。""忘我就是快乐。因而我要把别人眼睛所看见的光明当做我的太阳，别人耳朵所听见的音乐当做我的乐曲，别人嘴角的微笑当做我的快乐。"

海伦·凯勒在书中写道：我想让自己得到三天光明。她说她第一天，要看人，要看自己、看自己的老师、看自己的父母……第二天，她要看景，看纽约的高楼、看家、看柏金斯盲人学校、看哈佛大学……第三天，她要体会一个正常人的生活，看黎明、看中午、看夜晚、看学生是怎么回家的……她说如果可以的话，我会这样安排，我会非常珍惜这三天的光明！

海伦·凯勒在黑暗中寻找光明，给无望世界带来希望。

海伦·凯勒以自己独特的生命方式震撼了世界，一个生活在黑暗中却又给人类带来光明的女性，一个度过了生命的88个春秋，却熬过了87年无光、无声、无语的孤绝岁月的弱女子。然而，正是这么一个幽闭在盲聋哑世界里的人，用生命的全部力量四处奔走，建起了一家家慈善机构，为残疾人造福，并且曾入选美国《时代周刊》评选的"人类十大偶像"之一，被授予"总统自由奖章"。

创造这一奇迹，全靠一颗不屈不挠的心。海伦·凯勒接受了生命的挑战，用爱心去拥抱世界，以惊人的毅力面对困境，终于在黑暗中找到了人生的光明面，最后又把慈爱的双手伸向全世界。

"英雄交响曲"——《名人传》

著有被高尔基称为"长篇叙事诗"《约翰·克利斯朵夫》的伟大作家罗曼·罗兰为让世人"呼吸英雄的气息"，替具有巨大精神力量的英雄树碑立传，连续写了几部名人传记：《贝多芬传》（1903年）、《米开朗琪罗传》（1906年）和《托尔斯泰传》（1911年），合称《名人传》。

传记里的三个人，一个是音乐家，一个是雕塑家兼画家，另一个是小说家，各有自己的园地。三部传记都着重记载了伟大的天才，在人生忧患困顿的征途上，为寻求真理和正义，为创造能表现真、善、美的不朽杰作，献出了毕生精力。

贝多芬遭遇病痛的折磨，仍不放弃音乐。他集古典主义之大成，开浪漫主义之先河，其创作反映了资产阶

贝多芬

级上升时期的进步思想。他通过精湛的艺术手法，大大加强了作品的感染力，把欧洲古典乐派推向新的高峰，并开辟了浪漫主义乐派个性解放的新方向。

米开朗琪罗遭遇悲惨，仍然坚持雕塑。他的大量作品体现了写实基础上非同寻常的理想加工，成为整个时代的典型象征。他的艺术创作受到很深的人文主义思想和宗教改革运动的影响，常常以现实主义的手法和浪漫主义的幻想，表现当时市民阶层的爱国主义和为自由而斗争的精神面貌。米开朗琪罗的艺术不同于达·芬奇的充满科学的精神和哲理的思考，而是在艺术作品中倾注了自己满腔悲剧性的激情。这种悲剧性是以宏伟壮丽的形式表现出来的，他所塑造的英雄既

是理想的象征又是现实的反应。这些都使他的艺术创作成为西方美术史上一座难以逾越的高峰。

托尔斯泰面对内心的惶惑矛盾，最终创作出不朽名篇。他是"俄国革命的一面镜子"。环顾托尔斯泰的一生，他不仅仅是一位文学巨匠，有关人生目的、宗教和社会的阐述又使他成为一位有世界影响的思想家。托尔斯泰从没放弃对人生真谛的执着追求。他一直在思考，社会上层与下层、地主与农奴之间的隔阂与矛盾在哪里，农民贫困的根源何在。这突出反映了他的人道主义思想。

从结构上看，《贝多芬传》《米开朗琪罗传》《托尔斯泰传》看似各自独立、互不相干，实际上却有着内在的一致性。这种一致性既源于三位传主在精神上的相似，也源于罗兰另一重要的思想，即欧洲统一的思想和人道主义精神。在这本书里流淌着一条大河，这条大河就是从贝多芬身上流出来的并且加以伸展开。

《名人传》是一部独具魅力的人物传记，著者倾注他全部激情，成功地让读者在传记中跟三位大师接触，分担他们的痛苦、失败，也分享他们的诚挚、成功。

《名人传》最突出的地方就是多侧面地去表现传主们在身体上和精神上遭受的磨难，他们对无限苦难的不懈抗争以及在抗争中爆发出来的生命激情。纵观三传，罗曼·罗兰的英雄

有着共同的命运图式和方向：经历长期的磨难，激流一般的生命力，体现生之意志的艺术创造和用痛苦换取欢乐的追求。

罗曼·罗兰把这三位伟大的天才称为"英雄"。他的英雄观点，不是通常所称道的英雄人物。罗曼·罗兰所指的英雄，只不过是"人类的忠仆"，只因为具有伟大的品格。他们之所以伟大，是因为他们能倾心为公众服务。罗曼·罗兰自己也说："我称为英雄的，并非以思想或强力称雄的人，而只是靠心灵而伟大的人。"为了突出英雄的这一本质，罗曼·罗兰改变了常规传记的写法，舍弃了对传主生平的一般知识性介绍，而集中精力去把握人物高度统一的精神品格，在这种把握中又投入自己对英雄们的敬仰激情。

这三位被罗曼·罗兰尊为英雄的人，他们或受病痛的折磨，或由遭遇的悲惨，或因内心的惶惑矛盾，或三者交叠加于一身，深重的苦恼，几乎窒息了，毁灭了理智。他们所以能坚持自己艰苦的历程，全靠他们对人类的爱，对人类的信心。

《名人传》无论在当时还是在后世都产生了广泛的影响。在这三部传记中，罗曼·罗兰没有拘泥于对传主的生平做琐屑的考证，也没有一般性地追溯他们的创作历程，而是紧紧把握住这三位拥有各自领域的艺术家的共同之处，着力刻画了他们为追求真善美而长期忍受苦难的心路历程。罗曼·罗兰称他们为"英雄"，以感人肺腑的笔墨，写出了他们与命运抗争的崇高勇气和担荷全人类苦难的伟大情怀，可以说是为我们谱写了另一首"英雄交响曲"。

《名人传》非常好地印证了一句中国人的古训："古今之立大事业者，不谓有超世之才，亦必有坚韧不拔之志。"贝多芬的"在伤心隐忍中找栖身"，米开朗琪罗的"愈受苦愈使我喜欢"，托尔斯泰的"我哭泣，我痛苦，我只是欲求真理"，无不表明伟大的人生就是一场无休无止的战斗。我们的时代千变万化，充满机遇，我们渴望成功，但我们却不想奋斗，我们要的是一夜成名。浮躁和急功近利或许会使我们取得昙花一现的成就，但绝不能让我们跻身人类中的不朽者之列。因此，读读《名人传》也许会让我们清醒一些。毕竟"故天将降大任于斯人也，必先苦其心志，劳其筋骨，饿其体肤，空乏其身，行拂乱其所为，所以动心忍性，增益其所不能"。

《名人传》写作目的崇高，创造精神世界的太阳，呼吸英雄的气息，使人们在痛苦、失望的现实中获得心灵上的支撑。《名人传》洋溢着一股旺盛的激情。每一个阅读《名人传》的人首先都会强烈地感受到作品中无法抑制的热情，都会为罗曼·罗兰那极富感召力的语言而怦然心动。

名人传记

那么，对于今天的读者来说，《名人传》又能给予我们什么呢？在《米开朗琪罗传》的结尾，罗曼·罗兰说得好，伟大的心魂有如崇山峻岭，"我不说普通的人类都能在高峰上生存，但一年一度他们应上去顶礼。在那里，他们可以变换一下肺中的呼吸与脉管中的血流。在那里，他们将感到更迫近永恒。以后，他们再回到人生的广原，心中充满了日常战斗的勇气"。对于我们，这实在是金玉良言。

童话寓言

心灵的花骨朵——安徒生童话

1805年4月2日，安徒生出生于丹麦一个叫奥登塞的小城镇里。他的父亲是个鞋匠，母亲是个洗衣妇。全家住在一间低矮阴暗的小房子里，除了制鞋用的工具和一些破烂以外，什么都没有。一家人相依为命，过着非常贫穷的生活。不久，战争的风云笼罩了欧洲，安徒生的父亲失业了，不得已去拿破仑的军队中当了一名雇佣兵，母亲带着安徒生，过着乞丐般的生活。

父亲在身边的时候，常给他讲《一千零一夜》里的神奇的故事，给他念莎士比亚的剧本，自小培养了他对文学的兴趣。但不幸的是，父亲在战争中染了一身病，不久在贫困中死去。

当时安徒生只有11岁，一身破破烂烂的衣服，长得也不漂亮。富家的孩子经常打他，羞辱他。他常常一个人跑到树林里去唱歌、游玩，或者趴在草地上编花环，实在太寂寞的时候，他就到一些老婆婆身边，听她们讲些妖魔鬼怪的故事。令人难以置信的是，尽管安徒生生活在这样的环境中，他还能够得到难以想象的娇宠，得以尽情地遨游在幻想的世界里。

生活实在太艰难了，母亲只好改嫁，可继父不太喜欢安徒生。母亲暗暗为儿子的前途担忧。她想尽办法把儿子送进学校，让他学几个字，希望他长大做个裁缝，可安徒生却对戏剧

安徒生铜像

101

发生了兴趣。他在14岁那年，看过一个从首都哥本哈根来的剧团的演出，引发他对演戏产生了浓厚的兴趣。他盼望着有一天能把自己的生活和感情在舞台上表现出来。他找母亲商量，希望母亲同意他到哥本哈根去当演员，母亲拗不过这个固执的孩子，便同意了。

安徒生刚到哥本哈根的时候，处处碰壁，几乎没有一家剧院愿意让他登台表演；他找了一个家具作坊去打工，却因力气太小被辞退；他到音乐学校唱歌，却因感冒咳嗽不断而使嗓音变得嘶哑了。

走投无路的安徒生有一天突然造访海军上将乌尔夫，当时乌尔夫以海军军官学校校长的身份住在皇宫中。安徒生一见面就对他说："您翻译过莎士比亚的作品，而我也很喜欢他的作品。不过我写了一部剧本，我把它念给你听好吗？"当乌尔夫因惊愕而沉默的时候，他已经迫不及待地朗读起来，一直把剧本读完。他的举止真是太冒昧了。不过，自此以后，乌尔夫上将便不断地资助他。从这点来看，他并不只是单纯冒昧，而是凭真才实学获得赏识的。尽管安徒生出身贫贱，却天真烂漫、单纯又具有才华，所以深得人们的厚爱，同情和援助他的人不断出现。安徒生曾在自传中说："我的一生遭遇坎坷，但很幸福。它本身就是一篇美丽的童话。"

虽然生活中的安徒生一再受挫，然而他从事艺术事业的顽强意志却毫不动摇，安徒生要另闯出一条路子来。他写的剧本《阿芙索尔》，引起一个刊物编辑的兴趣，并随后发表了。皇家歌剧院发现安徒生有写作才能，便支持他去读书深造，以便将他培养成为剧院服务的"剧本写作匠"。尽管安徒生废寝忘食于学习，但他所在学校的校长是个庸才，他瞧不起贫穷的安徒生，安徒生不得不离开学校。他租了一间旧房子的顶楼住下，在那里没日没夜地写作。他写剧本、写诗，也写散文。一次，一个有名刊物《快报》的编辑看了他的诗，很感兴趣，便给他发表了。安徒生的作品获得了社会上的好评，也使他崭露头角。于是，便有出版商找他约稿，要求出版他的书。从此，这个穷苦中不断奋斗、天真单纯中不乏才华的孩子终于踏进了文学殿堂。

童话是安徒生的主要创作。他所描写的大都是虚构出来的情节，主人公也多是一些动物、玩具，但是从这些假人假事里可以清楚地找到真人真事的影子。安徒生对穷苦人民极为同情、热爱，对统治阶级极端憎恶、鄙视。在他的笔下，穷苦人都是善良、勤劳、聪明的，相反地，贵族、地主，甚至皇帝，倒都是些愚蠢无能的废物。

据说，安徒生的感性十分敏锐，稍受赞美就意气风发，但一遭到些许贬抑，马上就坠入绝望的深渊。正因为他是一个这样略有些孩子气的人，所以，即使是绽放在路边的一株野菊，圣诞节一过就被人遗忘的枞树之类微不足道的事物，他也能以此为题材，写出一篇精美杰出的童话来。

《卖火柴的小女孩》剧照

他用童话征服了全世界孩子们的心。安徒生所写的《丑小鸭》、《卖火柴的小女孩》、《美人鱼》、《皇帝的新装》、《豌豆公主》等等，每一个童话，一经出版，便得到世界各国孩子们的喜爱。

安徒生后半生大部分在旅行中度过。与心爱的人共享家庭幸福，是安徒生终生最大的渴望，他却不曾体验过。他有过一次单恋经历却被对方拒绝，他的内心想必因此而十分孤寂。不过后来，他似乎看破了红尘，不再追求世俗的爱情幸福，把全部身心都

奉献给了天真可爱的孩子们，自己也沉浸于童话和诗的世界中。

他虽然一生充满悲伤，但当回首往事时，发现自己曾是一个穿着木鞋流浪街头的少年，而今竟成了世界名人，于是，他又庆幸自己的一生确实是非常幸运的。的确，他的一生本身就是一篇美丽的童话。

全世界孩子的心灵读本——《格林童话》

《格林童话》的编写者雅科布·格林和威廉·格林是德国民间文学研究者、语言学家、民俗学家。兄弟俩在 18 世纪 80 年代出生于德国美因河畔哈瑙的一个律师家庭。两人的经历相近，爱好相似，并先后于 1802 年和 1803 年进入马尔堡大学学法律。格林兄弟在语言学研究方面成果丰硕，他们是日耳曼语言学的奠基人。

他们从 1806 年开始致力于民间童话和传说的搜集、整理和研究工作，出版了《儿童和家庭童话集》（两卷集）和《德国传说集》（两卷）。雅科布还出版了《德国神话》，威廉出版了《论德国古代民歌》和《德国英雄传说》。

《格林童话》不是创作的童话。格林兄弟致力于收集整理民间的童话、神话、传记，他们收集民间童话有一套科学的方法，善于鉴别真伪，

《格林童话》封面

他们的童话一方面保持了民间文学原有的特色和风格，同时又进行了提炼和润色，赋予它们以简朴、明快、风趣的形式。这些童话表达了德国人民的心愿、幻想和信仰，反映了德国古老的文化传统和审美观念。

他们凭着为子孙后代恢复和保存民间文学遗产的信念，前后经过8年的努力，才初步完成了收集整理的计划，共搜集整理了200多篇童话故事。忠实，这是他们恪守的搜集和记录的原则。另外，他们又坚持对语言作必需的整理、加工，以实现完整和统一。格林兄弟收集整理的童话，于1812年至1815年陆续出版了。孩子们发现了这本书，立刻着迷不已，他们把繁琐的考证统统扔掉，只去读里面的故事，而且津津有味。

《格林童话》为什么如此令孩子着迷呢？它无论是题材内容还是艺术表现形式，都十分切合孩子的欣赏趣味和审美心理。这些童话给孩子们无穷的想象世界增添了丰富的素材，而在伦理观念上简单而又直接地满足了孩子们朴素的善良与正义观。

《格林童话》的出版，创造了一个世界性的奇迹：它的实际阅读群体无以计算，在每一个有儿童且有书的家庭中，几乎必有一本《格林童话》或根据它改编的故事。在中国，至少有100种以上的译本和译改本，几乎每一个会讲故事的孩子，都会讲出一个源于《格林童话》的故事。

格林兄弟是德国的两位博学多识的学者，但他们最卓越的成就，却是作为世界著名的童话故事搜集家，以一生的时间完成的《儿童和家庭童话集》，即现在俗称的《格林童话》，它包括200多篇童话和600多篇故事。其中的代表作《青蛙王子》、《灰姑娘》、《白雪公主》、《小红帽》等均脍炙人口。

有人说，只有读过《格林童话》的童年才算是完整的。这话一点儿都不夸张。这本书里的故事情节曲折但不离奇，叙述朴素却不单调，一百多年来，一直都受到世界各地少年儿童的喜爱。试问，度过童年的人，有谁不知道青蛙王子、睡美人和灰姑娘的呢？

世界童话经典——《爱丽丝漫游奇境记》

刘易斯·卡罗尔（1832—1898），本来是一位数学家，长期在享有盛名的牛津大学基督堂学院任数学讲师，发表了好几本数学著作。他因有严重的口吃，故而不善与人交往，但他兴趣广泛，在小说、诗歌、逻辑上都颇有造诣，还是一个优秀的儿童摄影师。

《爱丽丝漫游奇境记》纯粹是兴之所至的偶然之作。这本童话的最初构思起源于闲暇时卡罗尔给他的朋友罗宾逊的三个小女儿讲的故事。其中的二女儿，10岁的爱丽丝——一般认为这个活泼的金发小女孩就是书中小主角的原型——很喜欢这个故事，要求卡罗尔把故事写下来给她看。于是1864年11月，卡罗尔写了一份故事的手稿并加上自己的插图送给了她。后来在朋友鼓励下，卡罗尔将手稿加以修订、扩充、润色后，于1865年正式出版，书一出版就大获成功，不仅孩子们喜欢读，很多大人也喜欢。其中包括著名作家奥斯卡·王尔德和当时在位的维多利亚女王。

故事讲述的是一个叫爱丽丝的小女孩和姐姐在河边看书时睡着了，梦中她追逐一只穿着背心的兔子而掉进了兔子洞，从而来到一个奇妙的世界。在这个世界里她时而变大时而变小，以至于有一次竟掉进了由自己的眼泪汇成的池塘里。她还遇到了爱说教的公爵夫人、神秘莫测的柴郡猫、神话中的格里芬和假海龟、总是叫喊着要砍别人头的扑克牌女王和一群扑克士兵，参加了一个疯狂茶会、一场古怪的槌球赛和一场审判，直到最后与女王发生冲突时才醒来，发现自己依然躺在河边，姐姐正温柔地拂去落在她脸上的几片树叶——在梦里她把那几片树叶当成了扑克牌。

《爱丽丝漫游奇境记》封面

书中充满了有趣的文字游戏、双关语、谜语和巧智，因此有的是难以翻译的，比如第二章章名里的"Tale（故事）"因为被爱丽丝听成同音的"Tail（尾巴）"而闹出了笑话。由于开始时是一部给朋友的孩子讲的自娱

童话寓言

之作，故事里的很多角色名都取自了作者身边的人，如第三章里的渡渡鸟（dodo）是作者自己（因为他有口吃的毛病，听起来像 dodo 这个词）、鹦鹉（Lory）是爱丽丝的姐姐 Lorina，小鹰（Eaglet）是爱丽丝的妹妹 E-dith。

《爱丽丝漫游奇境记》是一部被公认为世界儿童文学经典的童话，由于其中丰富的想象力和种种隐喻，不但深受各代儿童欢迎，也被视为一部严肃的文学作品。作者还写有续集《爱丽丝镜中奇遇记》。这部童话以神奇的幻想、风趣的幽默、昂然的诗情，突破了西欧传统儿童文学道德说教的刻板公式，被翻译成至少 125 种语言，在全世界风行不衰。

《小王子》插图

写给一切人看的童话——《小王子》

《小王子》是一本畅销的世界名著，在全球范围内被翻译成 42 种文字。1993 年出版 50 周年时，法国政府以其作者圣埃克苏佩里的肖像发行 50 元钱券来纪念他。很多近代有名的作家均认为自己在写作上受这本书的影响很大。

喜欢《小王子》，好像不需要理由，只要你曾经有过这样的快乐和不快乐，这样的执著或是放弃。无论你是孩子、大人，无论你的教育程度、职业、性别和国籍如何，阅读这本书，你一样可以会心微笑；无论你的身份如何，你都可以用自己的方式去读它；无论你的心情如何，你都可以带着自己的感受去读它，从小到大，从任何侧面，你都可以得到不同的感受。这是一本值得你一生阅读并去体会的书！

按照通常的归类，《小王子》被称做哲理童话。你们千万不要望文生义，设想它是一本给孩子们讲哲学道理的书。一般来说，童话是大人讲给孩子听的故事。这本书诚然也非常适合于孩子们阅读，但同时也是写给某些成人看的。用作者的话来说，它是献给那些曾经是孩子并且记得这一点的大人的。比较准确的定位是，它是一个始终具有童心的大人对孩子们、也对与他性情相通的大人们说的知心话，他向他们讲述了对于成人世界的观感和自己身处其中的孤独。的确，作者的讲述包含哲理，但他的哲理绝非抽象的观念和教条，所以我们无法将其归纳为一些简明的句子而又不使之受到损害。譬如说，我们或许可以把全书的中心思想归结为一种人生信念，便是要像孩子们那样凭真性情直接生活在本质之中，而不要像许多成人那样为权力、虚荣、占有、职守、学问之类表面的东西无事空忙。可是，倘若你不是跟随小王子到各个星球上去访问一下那个命令太阳在日落时下降的国王，那个请求小王子为他不断鼓掌然后不断脱帽致礼的虚荣迷，那个热衷于统计星星的数目并将之锁进抽屉里的商人，那个从不出门旅行的地理学家，你怎么能够领会孩子和作者眼中功名利禄的可笑呢？倘若你不是亲耳听见作者谈论大人们时的语气——例如，他谈到大人们热爱数目字，如果你对他们说起一座砖房的颜色、窗台上的花、屋顶上的鸽子，他们就无动于衷；如果你说这座房子值十万法郎，他们就会叫起来："多么漂亮的房子啊！"他还告诉孩子们，大人们就是这样的，孩子们对他们应该宽宏大量——你不亲自读这些，怎么能够体会那讽刺中的无奈，无奈中的悲凉呢？

聪明的小王子为了寻找快乐，离开了自己的小小星球和星球上唯一的一朵玫瑰花，去探访其他的星球。他遇到了国王，国王之下没有任何臣民，却任命他为司法大臣，审判小王子自己；他遇到了自负者，自负者恳求他双手对拍，为自己见到世上最美也最聪明的人而欢呼；他还遇上了点灯人和学者……最后，小王子降落于撒哈拉沙漠，来到地球上，遇到了一只狐狸……

这虽然是一部童话，却是写给成年人看的——在童话前面的题词中，作者把本书献给一位成年人。童话里所包含的诗意、情感和想象力是那么动人，虽经文字转换，依然时时可以触及读者的灵魂，不需要理性概括，也不需要教化训导。人类的智慧像星辰一样闪烁，如玫瑰一般吐露芬芳。

不知道时隔半个多世纪后，世上的国王、自负者、酒鬼、商人、点灯人和学者，还有所有其他成年人，有谁真正明白孩子的智慧，因而不再那么狂妄、偏执和贪婪？

脍炙人口的文学精华——《伊索寓言》

你知道《农夫和蛇》的寓言吗？寓言中讲述："一个农夫在冬天看见一条蛇冻僵着。他很可怜它，便拿来放在自己的胸口上。那蛇受了暖气就苏醒了，等到回复了它的天性，便把它的恩人咬了一口，使他受了致命的伤。农夫临死的时候说，我怜惜恶人，应该受这个恶报！"这则寓言就出自著名的《伊索寓言》。这本寓言影响了千千万万的读者。

伊索大约生活在 2500 多年前的古希腊，曾是一名奴隶，因才智出众被主人解放为自由民。他获得自由民身份后，漫游希腊各地，并曾在吕底亚国王宫廷中为官，在他充当国王特使去德尔斐时被诬告亵渎神灵而被德尔斐人杀害。在古希腊历史学家希罗多德、戏剧家阿里斯托芬、哲学家柏拉图和亚里士多德的作品中，都曾提到过伊索。阿里斯托芬的喜剧中甚至把"没有研究过伊索"当做是"无知和孤陋寡闻"；柏拉图还记述苏格拉底在被宣判死刑后，在监牢里把《伊索寓言》改写成诗加以吟诵。《伊索寓言》中的许多名篇早已成为世界各国中小学校的教材，也是各国政治家、评论家和文学家加以引用的警世恒言。马克思、恩格斯、列宁的著作都引用过《伊索寓言》的语言；大文学家莎士比亚、拉·封丹、克雷洛夫也采用过该书的情节。

《伊索寓言》是古希腊口头流传的民间文学，通俗易懂，文字洗练，主题集中，容易记忆，它早已越出地区的界限而成为世界文学的瑰宝，并为世界各国人民所接受。比如在我国广为流传的"吃不着葡萄说葡萄酸"、"龟兔赛跑"等都是源于《伊索寓言》。

《伊索寓言》绝大部分是讲关于做人的道德准则方面的故事，有许多篇章宣扬诚实友谊之可贵，像"野山羊和牧人"、"行人和熊"、"鹿和狮子"、"狮子和海豚"等都是这方面的代表作。对于叛卖者，寓言给予了严厉谴责，"穴鸟和大鸦"、"捕鸟人和山鸡"等对出卖同胞、出卖祖国的行为做了辛辣的嘲讽。寓言中对狐假虎威、狗仗人势者的丑态有十分生动地描写：有个人把神像放在驴背上，赶着驴进城，路上遇见的人都对神像顶礼膜拜。驴以为大家是拜他，就高兴得欢呼起来，再也不肯继续前进。赶驴人明白了是怎么回事，就用棍子打它，骂道："坏东西，人们拜倒在驴面前的时候还早着呢！"。

《伊索寓言》文字简练，常用最少的文字表现出十分深刻的含意。如《狮子和狐狸》篇写道：狐狸讥笑母狮每胎只生一子。母狮回答说："然而是狮子！"寥寥 20 余字，把本质刻画得多么深透。

《伊索寓言》曾对其后的欧洲寓言发展产生重大影响。古罗马寓言作家费德鲁斯直接继承了伊索寓言传统，借用了《伊索寓言》中的许多故事，并称自己的寓言是"伊索式寓言"。公元 2 世纪的希腊寓言作家巴布里马斯则更多地采用了伊索的寓言故事。这种传统为晚期古希腊罗马寓言创作所继承。文艺复兴以后，对伊索寓言抄稿的重新整理和印行极大地促进了欧洲寓言创作的发展，先后出现了不少出色的寓言作家，如法国的拉·封丹、德国的莱辛、俄国的克雷洛夫等。

随着"西学东渐"，《伊索寓言》在明朝传入我国。第一个来我国的西方传教士利马窦在中国生活期间撰《畸人十篇》，其中便介绍过伊索，对《伊索寓言》做过称引。他之后的传教士庞迪我也在《七克》中介绍、引用过《伊索寓言》。我国第一个《伊索寓言》译本是 1625 年西安刊印的《况义》。清代之后，出现了许多种《伊索寓言》译本。上述情况表明《伊索寓言》在我国流传之久，它至今仍令人喜闻乐见，爱不释手。

风靡世界的童话——《哈利·波特》

1991 年，罗琳在从伦敦去曼彻斯特的火车上看到窗外一个戴着眼镜的小男巫朝她微笑并挥手时，萌生了进行魔幻题材写作的想法。她在七年后，把这个想法变成了现实。于是，《哈利·波特与魔法石》在 1997 年诞生了，并让全世界的人为之喝彩！

作为单身母亲，罗琳的生活极其艰难。在开始写"哈利·波特"系列儿童小说第一部《哈利·波特与魔法石》时，曾因自家屋子又小又冷，只好到附近的咖啡馆把故事写在小纸条上。

不过，她的努力并没有白费。《哈利·波特》系列历险小说凭着出奇的想象、层层迭出的悬念和利于儿童阅读的语言，几乎是一夜之间征服了世界各地的青少年读者。罗琳又先后创作了《哈利·波特与密室》(1998)、《哈利·波特与阿兹卡班的囚徒》(1999)、《哈利·波特与火焰杯》(2000)、《哈利·波特与凤凰社》(2003)、《哈利·波特与"混血王子"》(2005) 和《哈利·波特与死亡圣器》(2007) 7 本书。罗琳也因创作了《哈利·波特》系列小说和参与电影而名利双收。

《哈利·波特》系列共有 7 本。其中前 6 本以霍格沃茨魔法学校为主要舞台，描写的是主人公哈利·波特在霍格沃茨魔法学校六年的学习生活冒险故事，第 7 本描写的是哈利·波特在野外寻找魂器并消灭伏地魔的故事。《哈利·波特》系列风靡全球，被评为最畅销的四部儿童小说之一，成为继米老鼠、史努比、加菲猫等卡通形象以来最成功的儿童偶像。哈利·波特这个人物顿时叱咤文学江湖，让数不清的读者为之倾倒，这不能不说是文学史上的一个奇迹。罗琳这个富有想象力的魔法妈妈带给了无数人欢笑与泪水，也带给了全世界的"哈迷"一个美丽的梦！

这些作品的陆续问世，不断地刷

童话寓言

新着世界小说发行史的记录。由这部作品改编成的电影也火遍了全世界。随着《哈利·波特》的不断翻新，电影主角也一个个长大，与此同时哈迷们也追随着偶像们的脚步慢慢变得成熟，当然《哈利·波特》的奇迹也在慢慢走向终结。愿哈利·波特这个英雄能够永远活在人们心中！其中的哲理也希望你去细细品味。

《哈利·波特》封面

《哈利·波特》每一部的推出，都会掀起抢购狂潮。系列书被翻译成70多种语言，在全世界200多个国家累计销量达3亿5千万多册。按美国教育工会的人说："如此歇斯底里的抢购活动就好像1964年英国披头士乐队首次登陆美国一样，再次震撼了美国社会。"

神话的创造表现在，即使在信息爆炸的今天，宣称"纸阅读就要死亡"的断言仍为时过早。自从电子媒体出现在这个星球上以来，许多"专家"反复宣称传统书刊报纸将要退出历史舞台。互联网出现以后，积累了巨大财富的比尔·盖茨更是多次宣称"纸阅读"将不复存在，电子媒体将变得与书报一样方便。然而，《哈利·波特》在这十年里发行出版，却以铁的事实证明，无论"电子"如何扩张，捧着一本印刷精美的书刊静心阅读仍是无数人的最爱。

神话的创造还表现在，《哈利·波特》让读者入迷，《哈利·波特》与读者同呼吸。再次证明内容新奇、令人感动的图书总是吸引人，社会需要好看的书。许多美国读者表示，这本书是如此令人入神，以前从来没有读到过。当合上书时感到自己是如此其乐无穷。《哈利·波特》最后一部的出版，给喜爱这部书的人一种心灵的摧毁感，好像与自己多年的密友告别一样。"哈利的故事讲完了，我的心碎了。"

诗词文赋

中小学生入门诗选——《唐诗三百首》

《唐诗三百首》是一部流传很广的唐诗选集。唐朝是中国诗歌发展的黄金时代，云蒸霞蔚，名家辈出，唐诗数量多达五万首。古往今来，唐诗选本多如牛毛，但当中最流行影响最大的，要算蘅塘退士的《唐诗三百首》。

蘅塘退士（1711—1778），原名孙洙，字临西，江苏无锡人。他自幼家贫，性敏好学，寒冬腊月读书时，常握一木，谓木能生火可敌寒。乾隆十六年（1752年）他得中进士，历任卢龙、大城知县。后遭人谗陷罢官，平复后任山东邹平知县。他为官清廉如水，爱民如子，又勤勉好学，书似欧阳询，诗宗杜工部，著有《蘅塘漫稿》。乾隆二十八年春，他开始编选《唐诗三百首》。编选这本书是有感于《千家诗》选诗标准不严，体裁不备，体例不一，希望以新的选本取而代之，成为合适的、流传不废的家塾课本。他的选诗标准是"专就唐诗中脍炙人口之作，择其尤要者"。既好又易诵，以体裁为经，以时间为纬。《唐诗三百首》于清乾隆二十九年（1765年）编辑完成，书的题目有的说脱胎于民谚"熟读唐诗三百首，不会做诗也会吟"，有的说取自"诗三百"，说法各不相同。

《唐诗三百首》共选入唐代诗人77位，其中五言古诗33首，乐府46首，七言古诗28首，七言律诗50首，五言绝句29首，七言绝句51首，诸诗配有注释和评点。五言古诗简称"五古"，是唐代诗坛较为流行的体裁。唐人五古笔力豪纵，气象万千，直接用于叙事、抒情、议论、写景，使其功能得到了空前地发挥，其代表作家有李白、杜甫、王维、孟浩然、韦应物等。七言古诗简称"七古"，起源于战国时期，甚至更早。现在公认最早的、最完整的七古是曹

《唐诗三百首》封面

丕的《燕歌行》。南北朝时期，鲍照致力于七古创作，将之衍变成一种充满活力的诗体。唐代七古显示出大唐宏放的气象，手法多样，深沉开阔，代表诗人有李白、杜甫、韩愈。五言律诗简称"五律"，是律诗的一种。五律源于五言古体，风格峻整，音律雄浑，含蓄深厚，成为唐人应制、应试以及日常生活中普遍采用的诗歌题材。唐代五律名家数不胜数，以王昌龄、王维、孟浩然、李白、杜甫、刘长卿成就为大。七言律诗简称"七律"，是近体诗的一种，格律要求与五律相同。七律源于七言古体，在初唐时期渐成规模，至杜甫臻至炉火纯青。唐一代，七律圣手有王维、杜甫、李商隐、杜牧、罗隐等，风华绝代，辉映古今。五七言绝句简称"五

绝"和"七绝"，都是古典诗体中绝句的一种。五绝起源于汉，七绝起源于六朝，两者都在齐梁时期成型，初唐阶段成熟。唐代绝句气象高远，率真自然，达到了吟诵自由化的最高峰，名家有李白、王维、王昌龄、韦应物、杜牧、刘禹锡等人。

中国是诗的国度，唐朝是中国诗歌的巅峰，巅峰时期的那个黄金时代令人神往。诗歌是当时文学的最高代表，成为中国传统文学坚实的重要组成部分，也是中华文明亮丽的风景线。唐诗与宋词、元曲并称，题材宽泛，众体兼备，格调高雅，是中国诗歌发展史上的奇迹。

《唐诗三百首》以严谨务实的编法、简易适中的篇幅、通俗大众的观点编选，入选的精美诗歌打动着读者，成为儿童最成功的启蒙教材、了解中国文化的模范读本，对中国诗歌选编学、中国人的心理构成都有很大的影响。可以说它仍然是现在中小学生接触中国古典诗歌最好的入门书籍。

冠绝古今的全才之作——苏轼作品

苏轼（1037—1101），字子瞻，号东坡居士，四川眉山人。他与父亲苏洵、弟苏辙一起被称为"三苏"。苏轼多才多艺，诗、词、文、书、画都堪称一代大师，著述甚丰。

苏东坡

苏轼宦海沉浮的一生，儒、佛、道三家哲学思想对其均有影响。早年他向往盛世，有志于改革，主张用儒家思想辅君治国。但同时他对待人生又有超旷达观之襟怀。入仕后，由于不断遭打击，佛道思想成为他寻求解脱政治苦闷的工具。这些无疑都对他的创作产生了重要影响。因而，他的作品既有对现实义正词严的批判，也有人生如梦的感喟，其复杂性正是其复杂思想的表现。

苏轼的文学创作倾注了他毕生的精力，在诗、词、文上都取得了独到的成就。苏诗现存 2700 多首，题材广泛，内容丰富，笔力雄健，风格多样，比较全面地反映了时代气息，并发展了以文为诗的宋诗特色。

他的诗可以分为四类：

第一类是政治讽刺诗。如《荔枝叹》、《吴中田妇叹》等。这类诗反映了多方面的社会矛盾，表现了他忧国爱民的感情。

第二类是景物诗。此类诗艺术价值极高，多脍炙人口之作。凭着"身行万里半天下"（《龟山》），苏轼一生游历了大半个中国，特别是南方的山山水水，尽收他眼底。这类诗作极多，《巫山》、《入峡》、《江山看山》等描写的是蜀中的雄奇壮美风光。而《望海楼晚景》、《望湖楼醉书》、《游金山寺》、《饮湖上初晴后雨》则写的是长江夜色、江南胜景、西湖晴雨等旖旎秀美的动人景象。

第三类是理趣诗。苏轼的理趣诗，常能在日常生活和自然小景中悟出新意妙理，发人所未发，引人思索。如《琴诗》、《泗州僧伽塔》等，是唐诗中少见的。代表诗《题西林壁》通过描写庐山峰岭绵延的特点，说明身在其中不能见全貌，引出认识事物必须要出乎其外的道理："横看成岭侧成峰，远近高低各不同。不识庐山真面目，只缘身在此山中。"

第四类是题画咏物诗。源于苏轼对绘画、书法的高深造诣。他写过不少品诗、评画、鉴赏书法的作品。如《王维吴道子画》、《读孟郊诗》、《书摩诘蓝田烟雨图》、《石苍舒醉墨堂》等。这些诗往往寄寓苏轼的审美情趣和艺术见解，颇有特色。

苏诗艺术上别开生面，成一代之大观。他的诗想象丰富，比喻奇妙，引人入胜；他以文为诗，语言警策，发人深省；他的诗兼备各体，或清新、或洒脱、或酣畅、或豪迈，脱口

诗词文赋

而出，平易自然。

宋词"至轼而又一变"。在北宋词坛上，苏轼突破了词必香软的樊篱，扩大了词境，提高了词品。他不仅用词写离别、旅况、爱情等传统题材，也用词来抒写抱负、抒写农村生活等。前人有"无意不可入，无事不可言"之评（《艺概》）。可以认为，苏词的成就是北宋诗坛新高峰的标志。

苏轼转变了词风。他的词以大胆的夸张和想象，形成了浪漫主义色彩，其风格豪放，笔力劲拔，往往给人一种耳目一新之感。他说自己的《江城子·密州出猎》"无柳七郎风味"而"自是一家"。而他的名词《念奴娇·赤壁怀古》意境阔大，气象恢宏，堪称超群盖世，真是气势豪迈。他的《八声甘州》《满江红》《满庭芳》等也都语句遒劲，雄健顿挫极富文采。但苏轼也有缠绵婉约之作，如著名的《水龙吟·次韵章质夫杨花词》，借飘荡的杨花形容被弃女子的身世，幽怨缠绵，颇为传神。《江城子》"十年生死两茫茫"是悼念亡妻的，作者用极婉约的笔调写出他对妻子的一往情深，李清照"此情无计可消除"亦不过如此。

此外，苏轼还创作了大量优秀散文，如写于贬谪地黄州的前后《赤壁赋》。总之，苏轼代表着北宋文学的最高成就。他的诗也是北宋诗坛的一座丰碑，为古诗的发展开辟了新的蹊径。明公安派的"二袁"曾极力推崇之，清代叶燮、查慎行、钱谦益、翁方纲等也极力推崇苏诗。他在词史上有重要地位，他扩大了词的题材领域，革新了词的语言，开创了新的词风，提高了词的社会功用，使宋词产生了一场革命。

苏轼作为中国文学史上才华横溢的作家，对后世文学发展起了重要作用，其影响是广泛而深远的。

中国古今第一才女之词——李清照词作

李清照（1084—1155），自号易安居士，济南章丘（今属山东）人。她出生在一个文学气氛很浓的家庭。父亲李格非，官至礼部员外郎、京东路提点刑狱，擅长古文，曾以文章受苏轼重视。她的母亲亦善文章，并据说是状元王拱辰的孙女。

李清照一生以宋室南渡为界，分为两个时期。前期，李清照早年随父住在汴京、洛阳，受到良好的文化教养。凭着她的聪慧资质，她工书、能文、兼通音律，"自少年便有诗名，才力华赡，逼近前辈"（王灼《碧鸡漫志》）。在1100年，她写的《语溪中兴颂诗和张文潜》受到时人好评。她18岁时与吏部侍郎赵挺之的幼子太学生赵明诚结婚，当时赵明诚21岁，喜好收藏前代石刻。婚后不久，新党蔡京当政，赵挺之升为尚书右丞，他们极力打击旧党，李格非因此被罢官。李清照当时曾为救其父献诗给赵挺之，其中有"炙手可热心可寒"的句子。可见，她对赵挺之的行为是不太满意的。1103 年，赵明诚开始出仕，曾任鸿胪少卿。他们夫妻志同道合，"有饭蔬衣练，穷遐方绝域，尽天下古文奇字之志"（《金石录后序》）。除诗词相互唱和外，还共同搜集、研究金石，校勘古籍，随着日积月累，他们所藏蓄的亡诗逸史、古今名人字画和古器物也逐渐增多。1107 年，赵挺之死于京师，赵家随即也遭受政治上的祸害，考虑到有可能进一步遇害，赵明诚便和李清照一起回到赵氏故里青州（今山东益都）。夫妇俩在乡里生活十余年，虽然生活急遽变化，但他们美满如初，更加努力访求文物、古碑。1121 年，赵明诚再次出仕，以后他们开始编写《金石录》并继续搜集古文物，并一同鉴赏、考证。学术上取得了很大成就。靖康元年，金兵围攻汴京，次年赵母亡，赵明诚携书 15 车奔丧，随后，在宋高宗即位后，赵明诚又被起用为建康（今南京）知府。赵家故里十余间房的书册文物全部被金兵焚毁，李清照仅携少量文物奔建康，开始了逃亡生活。

后期李清照的生活境遇更为凄惨。1128 年，她怀着国破家亡之痛逃到建康。次年，赵明诚在湖州时病

李清照故居塑像

死于任上，李清照怀着极大的悲痛殓葬了丈夫，并派人先将书册、金石刻送往淡州（现南昌），准备去投奔赵明诚的妹丈以避乱。但由于道路不通且文物大多在战乱中散失，加上有人告发他们夫妻以"玉壶颂金"，用此来对他们进行政治陷害。李清照大为惊恐，决定将家中多年来收集的所有物品进献朝廷，以求解脱。于是，她便寻着宋高宗逃难的路线辗转行进，从越州到明州，又经奉化、台州入海，后又经温州返回越州，最后移居杭州。这期间，她不但承受着巨大的政治压力、精神负担，而且长期漂泊，家产早已花光，所带文物也大量被盗，丢失殆尽，使她晚景凄凉，最后在国破家亡风雨飘摇中死去。

李清照工于诗歌，她的诗关心现

诗词文赋

实，有激昂的爱国感情，如"生当作人杰，死亦为鬼雄。至今思项羽，不肯过江东"（《夏日绝句》）。在《感怀》诗中，她表达了对官场庸俗生活的厌恶。李清照诗作虽为数不多，但境界远远超出同时代妇女。李清照的词作成就更高，且前后期呈不同风格。

李清照前期词比较真实地反映了她的少妇生活，有一种悠闲、风雅的情调。这时期，词的题材集中在离别相思和自然风光两个方面。《如梦令》"昨夜雨疏风骤"，通过对海棠"绿肥红瘦"的描写，抒发了女词人暮春时节的感伤情绪，这种感伤是词人对春光的留意和惜别，也是对自己青春将逝的苦恼。而《醉花阴》一词，是她在重阳节怀念丈夫的作品。词一开头以"薄雾浓云愁永昼"的"愁"字点题。由于爱人不在身边，她只好白天焚香闷坐，黄昏后则把酒对菊，独自一人，更添怅惘。最后一句"人比黄花瘦"，用一"瘦"字与"愁"呼应，传神地写出她的憔悴形象和凄苦心境，情感表达得真挚感人。总之，前期词多描写寂寞生活和伤春惜别的内容，虽无什么创新，但往往可以表现她对自然的热爱，对美好爱情生活的大胆追求，以及幽居独处的苦恼，情感真挚。这出自一个女词人之手，客观上有反对封建礼教的进步意义。

南渡以后，政治上的风险和颠沛流离的生活，使她的精神很痛苦，她的词的内容也多抒写她对国事的忧思和对生活流露的痛苦，爱国之情甚深。词风也由早年的清新、明快而变为凄凉、低沉。李清照还常常把个人的不幸与国家破灭的灾难结合在一起叙说，从而表达更深层次的孤寂，也是她爱国的深入表现。《菩萨蛮》"风柔日薄春犹早"是表现故国之思的代表作之一。词人在这首词中由现在的身感凉意、鬓边花残到远离故乡，在一系列思绪中终于发出"忘了除非醉"的呼喊。在作者眼中，故乡即是故国，思乡即是爱国，这两种情感是融为一体的。同样，《蝶恋花》中写"空梦长安，认取长安道"；《武陵春》中说"物是人非事事休，欲语泪先流"都有一种凄清之感。最著名的《声声慢》则将这种孤独、哀愁发展到了极致。词人先用十四字直叙愁情："寻寻觅觅，冷冷清清，凄凄惨惨戚戚。"然后用乍暖还寒的天气、悲鸣的雁子、憔悴的黄花、黄昏的细雨，层层渲染，直写得情韵缠绵。虽无一字写落泪，但其酸楚程度，又怎是千万滴泪水抵得了的？一时国事家事千头万绪涌上心头，在情与景的对比中，作品生动刻画了词人种种难以诉说的沉痛的感情，表现了难以说出的"愁"。

李清照的词借鉴了李煜、柳永、秦观等人的艺术经验，取得了很高的艺术成就，是南宋词的又一高峰。她的《词论》提出"词别是一家"，在此指导下她独辟门径，在丰富词的表现手法上作出了突出贡献。作为一个抒情高手，李清照的词很含蓄、曲折。她的词往往不点破，却又能将心灵深处的情感化为具体可见、真实可感的东西，引起读者共鸣。她的词的语言更是精巧、优美、通俗、自然。一方面她在遣词造句上很有创新，另一方面她注意以方言口语入词，使词增添了生动的情味。她的词富于音乐美，注意叠字的运用。总之，语言上用浅俗之语发清新之思是"易安体"的主要特点，并由此构成了她婉约为主的词风。

李清照的词不因袭前人，不凭借用典藻饰，造语清新浅显、音节谐畅，起到雅俗共赏的作用，因而许多词句传诵不衰，影响较广。特别是她以女词人名世的，就更难能可贵了。

横绝六合的英雄词——辛弃疾词作

辛弃疾（1140—1207），字幼安，号稼轩，历城（今山东济南）人。辛弃疾生于南宋中叶，正逢民族矛盾尖锐、战乱频繁时。他的一生坎坷，出生时，山东已被金兵所占，宋室已南渡13年。因父亲早亡，他由祖父抚养成人。他在青少年时代，受爱国思想影响很深，曾于1154和1157年两度到燕山探查金军虚实，为起事抗金做准备。1161年金主完颜亮大举南侵，济南农民耿京聚20万之众起兵抗金，只有22岁的辛弃疾也聚众2 000人，加入大军共举大事。为获官军支持，耿京派辛弃疾同南宋朝廷联

辛弃疾

络，不料就在他南下之际叛徒张安国杀耿京降金兵。得知此讯，辛弃疾领50骑直趋山东，袭入5万之众的金营擒获张安国并押回朝廷斩首。此举深得高宗赏识，辛弃疾也名噪一时，从此留在南宋，任江阴签判，并娶邢台范子美之女为妻。

南归之后，辛弃疾的生活道路并非一帆风顺。从24岁到42岁，他在江淮两湖间辗转任职，一晃近20年。20年来始终得不到重用，对怀有炽烈报国情感的辛弃疾，朝廷不让他去收复失地，反倒让他到地方镇压人民起义。他空有才能，也曾为改革地方

诗词文赋

弊政作了许多努力，却引起朝臣不满，竟在 42 岁被诬而免职。以后，辛弃疾多次被起用又多次被贬，长期在家闲居。然而这种"一腔忠愤，无处发泄"的特定遭遇，却使他所作的词成为一代词宗。

强烈的爱国主义思想和战斗精神是辛词的基本思想内容，这首先表现在他的词中，他不断重复对北方的怀念。另外，在《贺新郎》、《摸鱼儿》等词中，他用"剩水残山"、"斜阳正在断肠处"等词句讽刺苟安残喘的南宋小朝廷，表达他对偏安一角不思北上的不满。胸怀壮志无处可用，表现在词里就是难以掩饰的不平之情。他擅长的怀古之作《水龙吟》中，面对如画江山和英雄人物，在豪情壮志被激发的同时，他也大发英雄无用武之地的感慨。理想与现实的激烈冲突，为他的词构成悲壮的基调。辛词在苏轼词的基础上进一步扩大了题材范围，他几乎达到了无事、无意不可入词的地步。

在抒发报国之志时，辛弃疾的词常常显示出军人的勇毅和豪迈自信的情调，像"要挽银河仙浪，西北洗胡沙"（《水调歌头》）、"马革裹尸当自誓，蛾眉伐性休重说"（《满江红》）、"道男儿到死心如铁。看试手，补天裂"（《贺新郎》）等，无不豪情飞扬，气冲斗牛。

辛弃疾的词今存 629 首，其词作之丰在两宋词人之中居于首位。他的词是在用武无地、报国无路、恢复无望的情况下，在"宜醉宜游宜睡"的闲居生活中创作的。他的词题材广泛，内容丰富，而主题始终是爱国的。

辛弃疾的词继承了苏轼和南宋以来爱国词人的豪放风格，间受婉约派影响，形成了瑰丽多姿的艺术风格，取得了极高的艺术成就。

辛弃疾的词有气势壮阔、形象生动的艺术境界。他的这种浓郁的浪漫主义色彩的意境的创造，一是用想象构筑，二是用典、用事，体现本地风光。辛弃疾的词艺术造诣很高。他能熔写景、叙事、抒情为一炉，体现艺术手法的多样化。他的词不是融情入景，而往往是因事叙景，在抒情中带出一两句景语来，体现了议论化、抒情化的特点。辛弃疾的词能使用多种语言风格，有时运用前人成句，有时采用俚语，有时又运用经史典籍中的文辞，但又能做到十分妥切。他还以大量散文句法入词，表现出独特的风格。辛弃疾有非凡的艺术才能，他能驾驭多种词调，无论小令，还是长词慢调，或是以赋体、诗体入词，都能各得其宜。

辛弃疾是中国文学史上重要的作家，除词之外，他还创作了一些诗歌、散文。他的诗现存 133 首，从不同侧面反映了辛弃疾的生活和思想，风格俊逸；他的散文现存 17 篇，除几篇启札和祭文外，多为奏疏，陈述了他对时局的见解，充分体现了他的

"英雄之才"。

作为一代词宗，辛弃疾扩大了词的题材，提高了词的表现力，创新了词的风格。特别是他将豪放词推到了更高境界，也因此而塑造了一座绚丽光辉的巅峰。他的词对后世影响深远，与他同时的刘过、陈亮，稍后的刘克庄、刘辰翁以及清代陈维崧等都极为推崇辛词，并在创作中明显具有辛词痕迹。刘克庄说辛词："大声镗鞳，小声铿锵，横绝六合，扫空万古，自有苍生所未见。"

风流才子的风流之作——徐志摩的诗

现代史上，浙江多才子。徐志摩、艾青、戴望舒等诗坛巨子，皆为浙江人。徐志摩以"风流才子"名世，是"新月"派的代表诗人，其诗深受英国浪漫诗人华兹华斯、拜伦、雪莱、济慈的影响，诗集有《志摩的诗》《翡冷翠的一夜》《猛虎》《云游》。

徐志摩是一个有浓厚浪漫气质的诗人。他的不少诗作，带上了凄楚的哀感，呈现了苦痛的心灵，是"颓唐失望的叹息"——"又被它从睡梦中惊醒，深夜里的琵琶！是谁的悲思，/是谁的手指，/象一阵凄风，象一阵惨雨，象一阵落花，/在这夜深深时，/在这睡昏昏时，/挑动着紧促

的弦索，乱弹着宫商角徵，/和着这深夜，荒街，/柳梢头有残月挂，/啊，半轮的残月，象是破碎的希望……"（《半夜深巷琵琶》）

"你说不自由是这变乱的时光？/但变乱还有时罢休，/谁敢说人生有自由？/今天的希望变作明天的怅惘；/星光在天外冷眼瞅，人生是浪花里的浮沤！"（《三月十二深夜大沽口外》）

对徐志摩其人，他的一位朋友杨振声说："志摩的为人……就说他是一部无韵的诗罢。节奏他是没有，结构更讲不到，但那潇洒劲，真是秋空的一缕行云，任风的东西南北吹，反正他自己没有方向，他自如地在空中卷舒……"胡适在《追悼徐志摩》中评价道："他的人生观真是一种'单纯信仰'，这里面只有三个大字：一个是爱，一个是自由，一个是美。他梦想这三个理想的条件能够会合在一个人生里，这是他的'单纯信仰'。他的一生的历史，只是他追求这个单纯信仰的实现的历史。"徐志摩是一个活在梦里的诗人……

在美国留学两年，在英国留学两年，又游历了法、德、意、日、印度等许多国家，徐志摩受外国文化的影响很大。这种外国文化背景，不仅表现在他的文学创作上，也表现在他的为人、思想和情感生活上。

他的恋爱，轰动一时，满城风雨。与原配夫人张幼仪女士的离异，

119

为世不容，恩师梁启超严责；对 16 岁少女林徽因的一厢痴恋，终成幻影；与京城名花陆小曼的结合，也是"多少前尘成噩梦，五载哀欢，匆匆永诀"。他那轰轰烈烈而又风光一时的美丽爱情，和他的浪漫诗一样，在历史上留下了痕迹。

徐志摩说，他的诗是从"筋骨里迸出来，血液里激出来，性灵里跳出来，生命里震荡出来的"，表现的是对个性自由与个性解放的追求。徐志摩天生是一个情种，这决定了他的创作多是写男女情爱的。他曾说："在茫茫的人海里寻觅我唯一的知音，得之则幸，不得是命。"但江浙一带的"情种"，多是些"小桥流水"式的奶油小生，成不了有王者气概的"大山"——这或许是徐志摩恋爱失败的致命原因。

"最是那一低头的温柔，/象一朵水莲花不胜凉风的娇羞，/道一声珍重，道一声珍重，/那一声珍重里有甜蜜的忧愁——/沙扬娜拉！"（《沙扬娜拉赠日本女郎》）

浓浓的抒情意味，一咏三叹的抑扬顿挫，徐志摩的诗具有一种清纯的音乐美，但这之外，我们也分明感受到了小男人式的奶油味。

现代中国文学，是在西方文学的影响下发展的。顶尖级的文坛巨擘，几乎无例外地都是从国外留学归来的留学生——鲁迅、郭沫若、茅盾、郁达夫是留学日本的，巴金、艾青、戴望舒留学法国，徐志摩留学英、美，冰心留学美国……在西方"云游"数载的徐志摩，诗歌创作受到西方文化的影响是必然的，但他领一代风骚，与郭沫若、艾青、闻一多等诗人相比，他的创作，自成一格，独步现代中国诗坛。

1931 年，因飞机失事，徐志摩不幸遇难，年仅 35 岁。他的一生，多少涂有一些悲剧的色彩，真正"万种风情无地着"、"留与人间一卷诗"！徐志摩在红尘中潇洒地走完了一生。他的诗，不一定有多么深刻的思想，也不是字字珠玑、篇篇惊世。它对读者的诱惑，在于有美丽的意境，而这种意境，来自他一生钟情大自然，采撷的多是大自然中的美丽意象，注重音节的抑扬顿挫和辞藻的华丽色彩……在徐志摩所有的诗歌作品中，他生平的最得意之作最能代表其诗歌风格的，仿佛谶语一般给他一生作注脚的，是一首《再别康桥》："轻轻的我走了，/正如我轻轻的来；/我轻轻的招手，/作别西天的云彩。/那河畔的金柳，/是夕阳中的新娘；/波光里的艳影；/在我的心头荡漾。/软泥上的青荇，/油油的在水底招摇；/在康河的柔波里，/我甘心做一条水草！/那榆荫下的一潭，/不是清泉，是天上虹；/揉碎在浮藻间，/沉淀着彩虹似的梦。/寻梦？撑一支长篙，/向青草更青处漫溯，/满载一船星辉，/在星辉斑斓里放歌。/但我不能放歌，/悄悄是别离的笙箫；/夏虫也为我沉默，/沉默是今晚的康桥！/悄悄的我走了，/正如我悄悄的来；/我挥一挥衣袖，/不带走一片云彩。"

闪光的露珠——《繁星》《春水》

冰心（1900—1999），福建人，原名为谢婉莹，笔名为冰心，取"一片冰心在玉壶"之意。现代著名诗人、作家、翻译家、儿童文学家。

《繁星》是诗集，由164首小诗组成。冰心一生信奉"爱的哲学"，她认为"有了爱，便有了一切"。在《繁星》里，她不断唱出了爱的赞歌。她最热衷于赞颂的，是母爱。除了挚爱自己的双亲外，冰心也很珍重手足之情，她爱自己的三个弟弟。她在后来写作的一篇散文《寄小读者·通讯十三》里，还把三个弟弟比喻成三颗明亮的星星。冰心赞颂母爱，赞颂人类之爱，赞颂童心，同时她也赞颂大自然，尤其是赞颂她在童年时代就很熟悉的大海。歌颂大自然，歌颂童心，歌颂母爱，成为冰心终生创作的永恒主题。

《春水》是《繁星》的姐妹篇，由182首小诗组成。在《春水》里，冰心虽然仍旧在歌颂母爱，歌颂亲情，歌颂童心，歌颂大自然，但是，

她却用了更多的篇幅，来含蓄地表述她本人和她那一代青年知识分子的烦恼和苦闷。她用微带着忧愁的温柔的笔调，述说着心中的感受，同时也在探索着生命的意义和表达着要认知世界本相的愿望。

《繁星》之九十八："青年人！/相信自己罢！/只有你自己是真实的，/也只有你能创造自己。"

这首诗重在劝诫青年人要树立自信心。要相信自己，战胜自己，超越自己，不怕人生路上的艰难坎坷，不畏生活中的风霜雨雪。不要遇到一点困难就鸣金收兵，不要受到一点挫折就灰心丧气，不要经受一点委屈就意志消沉，不要遭到一点打击就萎靡不振。还是《国际歌》唱得好："从来就没有什么救世主，全靠我们自己。"朋友，"相信自己罢"，"只有你能创

冰 心

造自己"，只有你自己才能在世人面前亮出自己亮丽的风采，展现一个全新的自我。

《春水》之三："青年人！/你不能像风般飞扬，/便应当像山般静止，/浮云似的，/无力的生涯，/只做了诗人的资料呵！"

这是一首非常精彩的哲理诗。诗人以风儿飞扬、云儿飘浮和高山静止巧妙设喻，对比比照，告诉我们立身养性的真谛。诸葛亮曾在《诫子书》中谆谆告诫其子："静以修身，俭以养德。非澹泊无以明志，非宁静无以致远。夫学须静也，才须学也。"可见神静气定，戒除浮躁，对于我们修身养性是多么重要啊！

《春水》之一七四："青年人！/珍重的描写罢，/时间正翻着书页，/请你着笔！"

这是一首极富哲理的劝勉诗。诗歌开篇用呼告手法，采用倒装句式，劝勉青年人要勤奋努力地学习，去"珍重的描写"自己的人生诗篇。不要懈怠，不要蹉跎。然后，用一拟人兼比喻的修辞手法点明原因，催人上进，因为"时间正翻着书页，请你着笔"啊！诗歌与岳飞的"莫等闲，白了少年头，空悲切"有着异曲同工之妙。读到此，我们耳畔会油然响起古代那位哲人振聋发聩的警语："逝者如斯夫，不舍昼夜"，从而扬鞭催马自奋蹄，勤勉地去抒写辉煌的人生。

东方诗哲的心灵之歌——《泰戈尔诗选》

泰戈尔是印度著名诗人、文学家、作家、艺术家、社会活动家、哲学家和印度民族主义者，生于加尔各答市一个有深厚文化教养的家庭，属于婆罗门种姓。

1913 年，"由于他那至为敏锐、清新与优美的诗篇，这些诗不但具有高超的技巧，并且由他自己用英文表达出来，便使他那充满诗意的思想成为西方文学的一部分"，泰戈尔被瑞典文学院授予该年度诺贝尔文学奖这一最高荣誉，成为第一个获得这项殊荣的亚洲作家。

让泰戈尔获奖的诗集《吉檀迦利》是他中期诗歌创作的高峰，也是最能代表他思想观念和艺术风格的作品。这部宗教抒情诗集，是一份"奉献给神的祭品"，风格清新自然，带着泥土的芬芳。泰戈尔向神敬献的歌是"生命之歌"，他以轻快、欢畅的笔调歌唱生命的枯荣、现实生活的欢乐和悲哀，表达了作者对祖国前途的关心。发表之后，引起了全世界的轰动。

泰戈尔在印度文化的各个方面都产生了广泛而深远的影响，而他最突出的天才表现，恐怕就是他惊人的创作量了。他 12 岁开始写诗，在 60 余年的笔耕生涯中，创作了大量作品，其中有诗歌上千首，歌词 1 200 余首，并为其中大多数歌词谱了曲；中长篇小说 12 部，短篇小说 200 多篇，戏剧 38 部，还有许多有关哲学、文学、政治的论文及回忆录、书简、游记等；此外还创作了 2 700 余幅画。他给印度和世界留下了一笔异常丰富的文化遗产。

他的诗歌体裁和题材丰富多彩，清新隽永；小说格调新颖，感染力强；戏剧种类繁多，富于哲理意味；歌曲或哀婉缠绵，或威武雄壮，不拘一格。在人们的印象中，泰戈尔是以伟大的"歌手与哲人"的双重身份出现的。泰戈尔就像那天际的明星，"在那里，心是无畏的，头也抬的高昂；在那里，知识是自由的；在那里，话是从真理的深处说出；在那里，心灵是受你的指引，走向那不断放宽的思想与行为"（《吉檀迦利》）。

泰戈尔的另一代表作是《飞鸟集》。初读这些小诗，如同在暴风雨过后的初夏清晨，推开卧室的窗户，看到一个淡泊清透的世界，一切都是那样的清新、亮丽，可是其中的韵味却很厚实，耐人寻味。这部思绪点点的散文诗集，乍眼看来，其内容似乎包罗万象，涉及的面也比较广，然而，就是在这种对自然、对人生的点点思绪的抒发之中，诗人以抒情的彩笔，写下了他对自然、宇宙和人生的哲理思索，从而给人们以多方面的人生启示。

《飞鸟集》的译者郑振铎在译完泰戈尔的这部散文诗集后，曾深情地称它"包涵着深邃的大道理"，并形象地指出，泰戈尔的这部散文诗集"像山坡草地上的一丛丛的野花，在早晨的太阳光下，纷纷地伸出头来。随你喜爱什么吧，那颜色和香味是多种多样的"。

泰戈尔的诗所包含的思想内容是多方面的，但是，其中包含的精深博大的人生哲理启示，则是他的诗的主要特征。在他的诗歌创作中，他以一颗赤子之心，讴歌的是对人民的真挚的爱，抒发出对整个大自然、整个人类，以及整个宇宙间的美好事物的赞颂。他的诗像珍珠一般闪耀着深邃的哲理光芒，不仅唤起对大自然、对人类，对世界上一切美好事物的爱心，而且也启示着人们如何执著于现实人生的理想追求，让整个人生充满欢乐与光明。

泰戈尔不仅是这样告诫人们如何对待人生，而且也通过对一些无名小卒、无名花朵的礼赞，来倡导一种为创造美好生活而默默献身的人生精神。像那无名的花朵，比起萧萧的树叶来，它没有那暴风雨般的声响，而是以它质朴、华丽的沉默，显示出内在的美，装点着大千世界，给人们带来芬芳。人们不会因为那富丽堂皇的牡丹和绚丽多彩的菊花，而去鄙视无名的小花。小花自有小花的性格，小花自有小花的芬芳。她纯洁、简朴、沉静，不就是那默默地为人生而献身的精神体现么？又像那绿叶，尽管它没有果实事业的尊贵，没有花的事业的美丽，可是，它的价值不就体现在为果实、为花朵的陪衬而制造绿荫么？这种叶的事业，是一种献身的事业，人们不会轻视这种事业的，因为没有叶的事业，也没有果实的事业，没有花朵的事业。泰戈尔深深感到，这种默默献身的精神是无愧于人生的，正如"绿草是无愧于它所生长的伟大世界的"那样，它的内在价值永远闪耀出人生的光辉。

泰戈尔无疑是一位哲人，他给人的哲理启示是具有多方面的人生涵义的。郑振铎曾说："泰戈尔的歌声虽有时沉寂，但是只要有人类在世上，他的微妙幽宛之诗，仍将永远是由人的心中唱出来的。"是的，泰戈尔的诗，是从他心底里流出来的，是他对人生深层领略的真诚感受。正如一位印度人所说："他是我们中的第一人：不拒绝生命，而能说出生命之本身。这就是我们所以爱他的原因了。"

爱与美的结晶——《纪伯伦散文诗》

纪伯伦 1883 年生于黎巴嫩北部山乡卜舍里。1908 年发表小说《叛逆的灵魂》，激怒当局，作品遭到查禁焚毁，本人被逐，前往美国。后去

《沙与沫》封面

法国，在巴黎艺术学院学习绘画和雕塑，曾得到艺术大师罗丹的奖掖。1911 年重返波士顿，次年迁往纽约从事文学艺术创作活动，直至逝世。著有散文诗集《泪与笑》《先知》和《沙与沫》等。纪伯伦是黎巴嫩的文坛骄子，作为哲理诗人和杰出的画家，他和泰戈尔一样都是近代东方文学走向世界的先驱。有评论说："上帝的先知于其身复活。"

《先知》是他的代表作，以一位智者临别赠言的方式，论述爱与美、生与死、婚姻与家庭、劳作与安乐、法律与自由、理智与热情、善恶与宗教等一系列人生和社会问题，充满比喻和哲理的东方色彩。纪伯伦并自绘充满浪漫情调和深刻寓意的插图。

纪伯伦认为要唱出"母亲心里的歌"，作品多以"爱"和"美"为主题，通过大胆的想象和象征的手法，

表达深沉的感情和远大的理想。思想受尼采哲学影响较大。作品常常流露出愤世嫉俗的态度或表现某种神秘的力量。他是阿拉伯近代文学史上第一个使用散文诗体的作家。

在东方文学史上，纪伯伦的艺术风格独树一帜。他的作品蕴含了丰富的社会性和东方精神，不以情节为重，旨在抒发丰富的情感。既有理性思考的严肃与冷峻，又有咏叹调式的浪漫与抒情。他善于在平易中发掘隽永，在美妙的比喻中启示深刻的哲理。另外，纪伯伦风格还表现在他极有个性的语言。他是一个能用阿拉伯文和英文写作的双语作家，而且每种语言都运用得清丽流畅，其作品的语言风格征服了一代又一代的东西方读者。美国人曾称誉纪伯伦"像从东方吹来横扫西方的风暴"。

他的作品已译成世界多种文字，受到各国读者的欢迎。最先介绍到中国来的是《先知》（冰心译，1931年）。从20世纪50年代起，逐渐为中国读者所了解。近年来，我国又陆续出版了一些纪伯伦作品。这位黎巴嫩文坛骄子在中国有越来越多的知音。

他是一位热爱祖国、热爱全人类的艺术家。他在诗《朦胧中的祖国》中讴歌："您在我们的灵魂中——是火，是光；您在我的胸膛里——是我悸动的心脏。"他曾说："整个地球都是我的祖国，全部人类都是我的乡亲。"

爱与美是纪伯伦作品的主旋律，文学与绘画是他艺术生命的双翼。

在纪伯伦的心目中，祖国黎巴嫩是世界上最美丽的地方。就像在他的作品中写到："只要我一闭上眼睛，那充满魅力、庄严肃穆的河谷、雄伟多姿的高山，便展现在面前；只要我一捂上耳朵，那小溪的潺潺流水和树叶的沙沙声便响在我的耳边。我像哺乳的婴儿贪恋母亲的怀抱那样，思念这往昔如画的美景。"

诗词文赋

改变人类世界观的著作——《物种起源》

1859 年 11 月 24 日，在英国伦敦，这是很不平凡的一天。这一天，伦敦众多市民涌向一家书店，争相购买一本刚出版的新书。这本书的第 1 版 1 250 册在出版之日即全部售罄。

这本轰动一时的新书就是《物种起源》，它是进化论的奠基人达尔文的第一部巨著。这部著作的问世，第一次把生物学建立在科学的基础上，以全新的生物进化思想推翻了"神创论"和"物种不变"的理论。

《物种起源》的出版，在欧洲乃至整个世界都引起了轰动。它沉重地打击了神权统治的根基，从反动教会到封建御用文人都狂怒了，他们群起攻之，诬蔑达尔文的学说"亵渎圣灵"，触犯"君权神授天理"，有失人类尊严。与此相反，以赫胥黎为代表的进步学者，积极宣传和捍卫达尔文主义。进化论轰开了人们的思想禁锢，启发和教育人们从宗教迷信的束缚下解放出来。

《物种起源》一书出版的这一天，不只是在达尔文的个人生活中具有重大的意义，这也是 19 世纪 50 年代至 70 年代大批有学问的人对生物界的观点和对人在生物界中的地位的观点开始转变的一天，这种转变就像哥白尼在 16 世纪因指出地球在宇宙中的位置而实现的转变一样。然而在

达尔文

此以前，为捍卫达尔文这一进化论学说，曾不得不进行了 10 年的尖锐斗争。在这 10 年的斗争过程中，达尔文的思想以及达尔文本人曾经不断地受到攻击，这些攻击常常是粗暴的、恶毒的和不公正的。

达尔文于 1809 年 2 月 12 日出生于英国塞文河畔的希鲁兹伯市。他的父亲是当地的名医，母亲是位富家小姐，但长年体弱多病。达尔文在家排行第五，从小受母亲的教育较多，母亲常带他和妹妹到河畔散步，让他们接触美丽的大自然……小达尔文在温柔和谐的环境中愉快地成长着。

达尔文 8 岁那年，他母亲病故了。不过，由于姐姐们的细心照料，达尔文失去母亲的悲哀慢慢变淡了。达尔文很喜欢独自散步，路上的一草一木、一花一果都能吸引他的注意力。此时的达尔文已对植物变异产生了好奇心，他会时常盯着它们沉思默想，地上的甲虫、天上的飞鸟都能带给他无限的欢乐。

刚过 8 岁的达尔文被父亲送去上学。自小生长在大自然中的达尔文非常讨厌学校硬性规定死背书的教育方式，此时的学习变得毫无乐趣可言。对于背诵诗句的事，他总是草草应付了事。因此，他的老师对他的评语是："成绩平平，智商不高。"

达尔文虽不喜欢学校的课业，但是对博物学却很感兴趣，尤其是热衷于采集标本，不管是植物、动物、昆虫，或是石头、贝壳、印章等，他都收集起来，堆满了房间和庭院。

达尔文的姐姐看他收集了一大堆乱七八糟的东西，把房间搞得像垃圾场，非常生气，她命令达尔文说："赶紧把那些昆虫尸体扔出去，其他的东西，烧掉也罢，埋掉也罢，或者送人也罢，就是不准留在家里。"达尔文把这些收集品，当成宝贝一样，别说是丢掉，叫他送人都不肯呢，他可是标准的"杂啬收集迷"呢！

据说，有一天，达尔文到郊外采集甲虫标本。突然，他在一棵老树树皮下发现了两只稀有的甲虫。他马上就用双手分别各抓住一只。这时，他又见到第三只甲虫，"啊，这可是个新奇的品种，我决不能错失良机"。他不假思索地把右手里的甲虫塞进嘴中咬住，想腾出手来把那只甲虫抓住。哎呀！嘴里的甲虫竟分泌出一股极其辛辣的液汁，达尔文的舌头好像被火烫到一样感到热辣辣的，他赶紧把那只甲虫吐出来，而那只甲虫也乘机溜之大吉了。

全身心沉醉于各种动植物的达尔文学业上并不突出，转学也没见学习成绩有任何好转迹象，懂医学的父亲决定把他送进医学院去学医，但他对医学一点兴趣也没有。他的父亲看着儿子整天埋头于在他看来是"不务正业"的事情，很为他的未来担心。

一天，达尔文的父亲义正词严地对他说："如果你实在不愿学医，你

科普读物

就学习做牧师吧。总之，你不能变成游手好闲的人。"1828年初，在确信自己对宗教并不怀疑之后，达尔又听从父亲的劝告，进入剑桥大学的基督学院"深造"。

在剑桥大学，他认识了通晓各门学科的亨斯罗教授，这个人对达尔文的一生起了极其重大的作用。他们一见如故，不久成为至交。亨斯罗热心地指导达尔文学习植物学、昆虫学等，达尔文也虚心地向他求教。亨斯罗教授曾建议达尔文看些地质学方面的书籍，并告诉他要成为一个博物学家，探索生物进化问题，地质学知识是不可缺少的，因为不同地层的化石往往反映了生物进化的历史，而动物化石是活着的动物的祖先。达尔文听从了亨斯罗教授的意见，努力研究地质学，并利用各种机会进行实地地质考察。从实地考察中，达尔文明白了一个道理：科学在于把事物分门别类，借此推导出一般的规律和结论。

1831年的夏天，达尔文完成了剑桥大学的学习回到家中。一天，他收到亨斯罗教授的一封信。信中说：英国海军部所属的皇家勘探船贝格尔舰准备去南美洲进行考察，船长很乐意找一位志愿自费负担航行期间的自然科学考察费用的科学家出海考察。亨斯罗认为达尔文是合适的人选，建议他参加这次航行。尽管父亲对此事表示坚决反对，但达尔文最终还是说服父亲同意了自己的这次出海考察。

1831年12月27日，达尔文开始了随贝格号为期五年的环球旅行，可以说这次环球旅行是西方科学史上最有价值的一次旅行。

在这次漫长又艰辛的旅途中，达尔文亲眼目睹了许多美丽奇异的自然景观，观察了火山和若干原始部落，经历过地震，发现了大量的动植物化石，考察了种类繁多的动植物生长及生活情况。更为重要的是，他对此作了大量的航海日记，把自己的所见所闻——详细记录下来。这些经历奠定了他以后研究的基础。

航海环球考察结束后，30岁的达尔文与他深爱多年的表姐爱玛结了婚。以后的20年达尔文一方面进行各种生物实验完善理论，一方面与一些科学家讨论有关生物进化的问题。同时，他出版了一系列著作，并由此成为英国最杰出的生物学家之一。

达尔文的为人一向很温和，甚至对自己的对手也十分彬彬有礼。虽然他处于这些攻击风暴的中心，但他的一些朋友和拥护者同样经历了最激烈的斗争时刻。然而，不管这些人的作用多么大，为达尔文争取越来越多的拥护者的主要斗争武器，还是他那部不断地更新版本和译本的出色著作《物种起源》。这部著作不知不觉地、不声不响地击败了各个对手，说服了那些动摇分子，在越来越多的无私地寻找真理的人们中间，为自己争得了许多朋友和信仰者。

植物学家毕生读完《物种起源》一书后，称达尔文为"19世纪最伟大的科学革命家"，他在给达尔文的一封信中说："关于猩猩和人类之间的连锁中断，您给我的答复正是我所预料的。用自然现象所做的这种解释确实是我以前从来也没有想到过的……将使许多人的思想大为震动！"

从最古老的单细胞到有着复杂生命的结构与思维的人类诞生，在漫长的30多亿年生命行进征程中，形形色色的生物从出生到灭亡，从低等到高等，究竟是何种神奇的力量推动着生物的进化发展呢？多少个世纪以来，人们绞尽脑汁企图找到令人信服的答案，最终都以百思不得其解而告终。

就在人们对生命演进机理持不同见解的各门各派展开激烈论战、争论不休的时候，一个划时代的人物出现了。自古以来众说纷纭、莫衷一是的进化论思想终于在19世纪英国伟大的博物学家达尔文手中形成了具有无可争议的说服力的体系。到了1859年达尔文的《物种起源》一书出版后，生物普遍进化的思想以及"物竞天择，适者生存"的进化机制已成为学术界、思想界的公论。由此，达尔文的生物进化论被称为19世纪自然科学的三大发现之一。

在举世闻名的《物种起源》一书中，达尔文提出了一个又一个令人震惊的论断：生命只有一个祖先，因为生命都起源于一个原始细胞的开端；生物是从简单到复杂、从低级到高级逐步发展而来的，生物的进化中不断地进行着生存斗争、进行着自然选择……

总之，《物种起源》的出版是自然科学史上一个最重大的事件，因为它成了19世纪绝大多数有学问的人改造世界观的开端。和其他任何改造一样，世界观的改造不能不经过残酷的斗争：把一个基本的主要的战士——《物种起源》一书本身放在首位。这本书的性质，它的格调和结构以及作者非常诚恳的态度——这一切都极大地帮助了这一斗争，使之取得胜利。

海底世界的奇观——《海底两万里》

儒勒·凡尔纳是19世纪法国著名的科幻小说和冒险小说作家，被誉为"现代科学幻想小说之父"。1828年，凡尔纳生于南特，1848年赴巴黎学习法律，写过短篇小说和剧本。1863年起，他开始发表科学幻想冒险小说，以总名称为《在已知和未知的世界中奇异的漫游》一举成名。凡尔纳总共创作了66部长篇小说和短篇小说集，还有几个剧本，一册《法国地理》和一部六卷本的《伟大的旅行家和伟大的旅行史》。代表作为

科普读物

"三部曲"——《格兰特船长的儿女》、《海底两万里》、《神秘岛》。

《海底两万里》封面

《海底两万里》是凡尔纳的"三部曲"的第二部，故事并不复杂，讲述的是鹦鹉螺号的故事。1866年，有人以为在海上见到了一条独角鲸，法国生物学家阿隆纳斯最后发现那是一艘名为鹦鹉螺号的潜艇，并且带着仆人康塞尔和一个捕鲸手，跟随尼摩船长乘坐这艘潜艇在海底做了两万里的环球旅行。

尼摩是个不明国籍的神秘人物，他在荒岛上秘密建造的这艘潜艇不仅异常坚固，而且结构巧妙，能够利用海洋来提供能源。潜艇艇长对俘虏倒也优待，只是，为了保守自己的秘密，潜艇艇长尼摩从此永远不许他们离开。阿隆纳斯一行别无选择，只能跟着潜水艇周游各大洋。阿隆纳斯通

过一系列奇怪的事情，终于了解到神秘的尼摩船长仍与大陆保持联系，用海底沉船里的千百万金银来支持陆地上人们的正义斗争。十个月之后，这三个人终于在极其险恶的情况下逃脱，生物学家才得以把这个海底秘密公之于世。

《海底两万里》描写的是人们在大海里的种种惊险奇遇。潜艇在大海中任意穿梭，海底时而险象环生、千钧一发，时而景色优美、令人陶醉。美妙壮观的海底世界充满了异国情调和浓厚的浪漫主义色彩，体现了人类自古以来渴望上天入地、自由翱翔的梦想。凡尔纳没有到过海底，却把海底的景色写得如此生动，使读者身临其境，表明他具有非凡的想象力。

《海底两万里》是一部科幻小说，于1870年问世，至今已有100多年的历史，而仍能以多种文字的各种版本风行世界，广有读者，可见其生命力之强、吸引力之大。主张"书不及百岁不看"的读者，是大可放心一阅的。书中人物寥寥，有名有姓的只有四个半——"亚伯拉罕·林肯"号驱逐舰舰长法拉格特，只在小说开头部分昙花一现，姑且算半个；内景只是一艘潜水艇。但就是这四个半人，包括一个神秘的船长尼摩，一个学富五车的科学家，这么一艘潜水艇，在各种探险历程中，在将近一年的时间中，纵横海底两万里，为我们演绎出一个个故事，展现出一幅幅画面：

海底墓地、珊瑚谷、巨型章鱼……故事曲折惊险，引人入胜，画面多姿多彩，气象万千。这样一部小说，读来既使人赏心悦目，又令人惊心动魄。

为昆虫立传——《昆虫记》

19世纪末，法国杰出的昆虫学家、文学家法布尔捧出一部《昆虫记》，世界响起了一片赞叹之声。没有哪个昆虫学家有法布尔那么高的文学修养，没有哪个文学家有法布尔那么高的昆虫学造诣。《昆虫记》堪称科学与文学完美结合的典范。

《昆虫记》是法布尔的传世佳作，亦是一部不朽的世界名著。它熔作者毕生的研究成果和人生感悟于一炉，将昆虫世界化作供人类获得知识、趣味、美感和思想的美文。被达尔文誉为"无与伦比的观察家"的法布尔以人性观照虫性，在书中描写昆虫的本能、习性、劳动、婚恋、繁衍和死亡无不渗透着人文关怀，并以虫性反观社会人生，睿智的哲思跃然纸上。在其朴素的笔下，一部严肃的学术著作如优美的散文，人们不仅能从中获得知识和思想，而且阅读本身就是一个独特的审美过程。

例如，在《昆虫记》第八卷里，法布尔这样写绿蝇："它那金属一般的、通常是金绿色的光泽可以和最美丽的鞘翅目昆虫媲美。我们看到这么贵重的衣服穿在清理腐烂物的清洁工身上时，着实有几分惊讶。"他把我们一般人最厌恶、恨不得见而杀之的绿蝇写得如花似玉，而且强调它们在大自然中"清理腐烂物"的不可轻视的正面作用，甚至还以表现母爱与幼婴般的笔调来描写绿蝇产卵与蛆虫的成长。

一个人耗费一生的光阴来观察、研究"虫子"，已经算是奇迹了；一个人一生专为"虫子"写出十卷大部头的书，更不能不说是奇迹；而这些写"虫子"的书居然一版再版，先后被翻译成五十多种文字，直到百年之后还会在读书界一次又一次引起轰动，更是奇迹中的奇迹！

在中国，20世纪二三十年代就曾经出版过多种法布尔的《昆虫记》的节译本，引发了当时广大读者浓厚的兴趣。鲁迅曾把《昆虫记》奉为"讲昆虫故事"、"讲昆虫生活"的楷模，希望"科学家肯放低手眼，再看看文艺书"。周作人则对《昆虫记》更推崇一些，他说，读这本讲昆虫生活的书，"比看那些无聊的小说戏剧更有趣味、更有意义"。

时间过去了半个多世纪，90年代末，中国读书界再度掀起"法布尔热"，书市上几种《昆虫记》的摘译本、缩编本都大受欢迎。

法布尔在其学术生涯中，始终跟两个方面的强大势力作战，一是传统中蒙昧的俗见与陋闻，二是所谓"科

科普读物

学"的僵硬与专制。对于俗见陋闻来说，法布尔的"科学观察"与"系统研究"无疑是照亮幽晦的一片光明。达尔文赞誉他为"罕见的观察家"，他是当之无愧的。

现在，"生态危机"险象环生，保护人类的生存环境便成了全世界日益高涨的呼声。昆虫也是地球生物链上不可缺少的一环，昆虫的生命也应当得到尊重。对照当下蓬勃开展的生态运动，法布尔称得上是一位"先知"。在这样的形势下，《昆虫记》的生态学意义自然就更加突显出来。

《昆虫记》的确是一个奇迹，是由人类杰出的代表法布尔与自然界众多的平凡"子民"——昆虫共同谱写的一部生命的乐章，一部永远解读不尽的书。这样一个奇迹，在人类进入新世纪以后、地球即将迎来生态学时代的紧要关头，也许会为我们提供更珍贵的启示。

法布尔的一生，可以说是为昆虫的一生。作为昆虫学家，他不仅研究昆虫，而且描写昆虫。他那卷帙浩繁的《昆虫记》不仅是科学著作，而且可以说，他透过昆虫世界所书写的是关于生命的诗篇。

人类现在已知的昆虫种类约100万种，占所有已知动物种类的六分之五，而且估计还有约40万种昆虫有待人类去陆续认知。总体而言，人类喜欢的昆虫极其有限，而厌恶的昆虫却颇多。人类扑灭、碾杀昆虫往往是

连眼睛都不眨的，更遑论把昆虫也当做一种生命形态加以爱惜！当然，这不是一个简单的问题，关乎对生命伦理的深入探究。法布尔很早就以他的辉煌巨著正面回答了"人类应该如何对待昆虫"的问题，只是，他的著作，特别是贯穿其中的生命伦理思考，普及得还很不够罢了。

其实，在中国的传统文化中，也有一脉珍视弱小生命的源流。比如唐朝诗人张祜就歌颂过这样的女性："斜拔玉钗灯影畔，剔开红焰救飞蛾。"我们若能在中西文化对生命关爱的交汇点上来捧读《昆虫记》，那收获就更不一般了。

科普"侦探小说"——《元素的故事》

依·尼查叶夫，前苏联青年科学文艺作家。在苏联推广新技术的运动中，他担任过特约通讯员和《知识就是力量》月刊的编辑。其作品笔锋犀利，新颖有趣，说理详明，富有文艺色彩，《元素的故事》为其代表作。他不仅是一位对科学和生活充满热情的作家，而且是一位富有爱国心的热血青年。1941年，他因过度劳累而积劳成疾，不能加入正规红军参加苏联卫国战争，但他却隐瞒重病，加入了抗击希特勒匪帮的民兵队伍，不幸壮烈牺牲于莫斯科前线。

《元素的故事》介绍的是发现化学元素的故事。作者通过一些生动的故事描写，记叙了18世纪中期到近年有关化学元素的重大发现和发展；列举了英国化学家戴维发现元素钠和钾，德国化学家本生、基尔霍夫发现元素铯和铷，居里夫人发现元素钋和镭等故事；介绍了俄国化学家门捷列夫的化学元素周期表。比如书中描写了化学家杜尔杜勒，他一心研究火的性质。火为什么会灭？在什么情况不灭？他发现了"活"的氧——火在里面会非常亮，和"死"的氮——火在里面会马上熄灭。化学家罗蒙诺索夫发现了物质不灭定律，并给了燃素学说当头一棒。最终，燃素学说被拉瓦锡彻底推翻。

作者以巧妙的文艺手法，使《元素的故事》脱离枯燥的讲义和教材形式而自成一格，把元素的发现写成了一篇篇引人入胜的侦探小说。一个天才的科学文艺作家、一个爱国的热血青年，一部具有传世价值的科普名作。书末还有由中国著名作家叶永烈撰写了几个元素的新故事。

最好的宇宙学启蒙读物——《时间简史》

《时间简史》是由英国伟大的物理学家、黑洞理论和"大爆炸"理论的创立人霍金撰写的一本有关宇宙学的经典著作，是一部将高深的理论物理通俗化的科普范本。

霍金被誉为自爱因斯坦以来世界最著名的科学思想家和最杰出的理论物理学家，现任剑桥大学卢卡斯数学教授，出生于伽利略逝世300周年纪念的1942年。他因患肌肉萎缩性侧索硬化症，被"禁锢"在一张轮椅上达20年之久。虽然他无法言语，但他的思想却超越了相对论、量子力学、"大爆炸"理论而迈入创造宇宙的"几何之舞"，为喜欢仰望星空、探寻宇宙秘密的人提供了一次最好的宇宙学启蒙教育。

霍金丧失语言能力，表达思想唯一的工具是一台电脑声音合成器。他用仅能活动的几个手指操纵一个特制的鼠标器在电脑屏幕上选择字母、单词来造句，然后通过电脑播放声音，通常造一个句子要五六分钟，为了合成1小时的录音演讲要准备10天。

在《时间简史》这部书中，霍金带领读者遨游外层空间奇异领域，对遥远星系、黑洞、夸克、"带味"粒子和"自旋"粒子、反物质、"时间箭头"等进行了深入浅出的介绍，并对"宇宙是什么样的"、空间和时间以及相对论等古老问题作了生动的阐述，使读者初步了解狭义相对论以及时间、宇宙的起源等宇宙学的奥妙。

宇宙论是一门既古老又年轻的学科。作为宇宙里高等生物的人类不会满足于自身的生存和种族的绵延，还

科普读物

一代代不懈地探索着存在和生命的意义。但是，人类理念的进化是极其缓慢和艰苦的。从亚里士多德—托勒密的"地心说"到哥白尼－伽利略的"日心说"的演化就花了 2 000 年的时间。令人吃惊的是，尽管人们知道世间的一切都在运动，可是到了 20 世纪 20 年代因哈勃发现了红移定律后，宇宙演化的观念才进入人类的意识。人们甚至从来没有想到过宇宙还会演化。牛顿的万有引力定律表明，宇宙的物质在引力作用下不可能处于稳定的状态。即使在爱因斯坦的广义相对论中，情况也好不到哪儿去，为了得到一个稳定的宇宙模型，他曾将宇宙常数引进理论中。他们都希望在自己的理论中找到稳定的宇宙模型。可见，宇宙演化的观念并不是产生于这些天才的头脑之中。

将哈勃的发现当成现代宇宙论的诞生是公平的。哈勃发现，从星系光谱的红移可以推断，越远的星系以越快的速度离开我们而去，这表明整个宇宙处于膨胀的状态。从时间上回溯到过去，估计在 100 亿到 200 亿年前，曾经发生过一桩开天辟地的大事件，即宇宙从一个极其紧致、极热的状态中大爆炸而产生。伽莫夫在 1948 年发表的一篇关于热大爆炸模型的文章中作出了一个惊人的预言，早期大爆炸的辐射仍残存在我们周围，不过由于宇宙膨胀引起的红移，其绝对温度只余下几度左右，在这种

《时间简史》封面

温度下，辐射是处于微波的波段。但在 1965 年彭齐亚斯和威尔逊观测到宇宙微波背景辐射之前，人们并不认真对待此预言。

一般认为，爱因斯坦的广义相对论是用于描述宇宙演化的正确的理论。在经典广义相对论的框架里，霍金和彭罗斯证明了，在很一般的条件下，空间—时间一定存在基点，最著名的基点即是黑洞里的基点以及宇宙大爆炸处的基点。在基点处，所有定律以及可预见性都失效。基点可以看成空间时间的边缘或边界。只有给定了基点处的边界条件，才能由爱因斯坦方程得到宇宙的演化。由于边界条件只能由宇宙外的造物主所给定，所以宇宙的命运就操纵在造物主的手

中。这就是从牛顿时代起一直困扰人类智慧的第一推动力的问题。

如果空间—时间没有边界，则就不必劳驾上帝进行第一推动了。这只有在量子引力论中才能做到。霍金认为宇宙的量子态是处于一种基态，空间—时间可看成一个有限无界的四维面，正如地球的表面一样，只不过多了两个维数而已。宇宙中的所有结构都可归结于量子力学的测不准原理所允许的最小起伏。从一些简单的模型计算可得出和天文观测相一致的推论，如星系、恒星等等的成团结构，大尺度的各向同性和均匀性，空间—时间的平性，即空间—时间基本上是平坦的，并因此才使得星系乃至生命的发展成为可能，还有时间的方向箭头等等。霍金的量子宇宙论的意义在于它真正使宇宙论成为一门成熟的科学，它是一个自足的理论，即在原则上，单凭科学定律我们便可以将宇宙中的一切都预言出来。

《时间简史》自 1988 年首版以来，已成为全球科学著作的里程碑。它被翻译成 40 种文字，销售了近 1 亿册，成为国际出版史上的奇迹。该书内容是关于宇宙本性的最前沿知识，并且从那以后无论在微观还是宏观宇宙世界的观测技术方面都有了非凡的进展。这些观测证实了霍金在该书第一版中的许多理论预言，其中包括宇宙背景探险者的最新发现，它在时间上回溯探测到离宇宙创生的 30

万年之内，显露了霍金超人的时空感知能力。

叩开哲学之门——《苏菲的世界》

《苏菲的世界》以小说的形式，通过一名哲学导师向一个叫苏菲的女孩传授哲学知识，揭示了西方哲学发展的历程。由前苏格拉底时代到萨特，以及亚里士多德、笛卡儿、黑格尔等人的思想都通过作者生动的笔触跃然纸上，并配以当时的历史背景加以解释，引人入胜。评论家认为，对于那些从未读过哲学课程的人而言，此书是最为合适的入门书，而对于那些以往读过一些哲学而已忘得一干二净的人士，也可起到温故知新的作用。

该书自 1991 年出版发行以来，长期雄踞各国畅销书排行榜第一名，世界上已有 35 个国家购买了该书的版权。截止到 1995 年 5 月，该书德文版的销量已达 120 万册。一部《苏菲的世界》就是一部深入浅出的人类哲学史。它不仅能唤醒人们内心深处对生命的敬仰与赞叹、对人生意义的关心与好奇，而且也为每一个人的成长——使生命从混沌走向智慧、由困惑而走进觉悟之路，挂起了一盏盏明亮的桅灯……

《苏菲的世界》并未用鸿篇巨制

科普读物

《苏菲的世界》封面

来阐释哲学的深奥之处，而是以深入浅出的文字向苏菲、席德和每一个读者展示了哲学从古至今的发展历程。这有着少校的"牛皮糖"一般想象力的作者，不仅仅是通过艾伯特的口、少校的礼物，还通过这本书自身，告诉我们哲学是什么、在哪里，多么有趣，又多么奇怪，甚至多么平凡。从苏菲在信箱中取出的一封写着"你是谁?"的信开始，在艾伯特的指点下，苏菲从哲学的摇篮——雅典出发，对苏格拉底和柏拉图的哲学有了初步了解。她对文艺复兴时期的认识包括达·芬奇的绘画、莎士比亚的戏剧、古登堡的印刷机……涉及艺术、科学、建筑、数学等许多方面，

到近现代，艾伯特的"哲学函授课"包含了康德、黑格尔、弗洛伊德乃至于马克思的哲学思想。看这样一部作品，让我们看到了全人类的文明。在苏菲的所到之处，到处都凝结着文明的精华。看过之后，我们已经不仅仅是学到了一些东西，更重要的是获得了心灵的震撼。

"哲学"一词源自希腊语，原意是"爱智慧"的意思。对于芸芸众生来说，它并不是解除病痛、消去灾难的灵丹妙药，但是在人的一生中，从来不去留意、爱好这一人类智慧的结晶，体验先哲们的心得，那么注定将会陷于心灵的封闭与终结。尽管哲学不如流行小说那么受人欢迎，但仍有为数众多的仁人志士在研究与关心这门古老的学问。

《苏菲的世界》是一本充满智慧的书。从古希腊到 20 世纪的存在主义，我们将在一页页翻开的书中和那些伟大的哲人、智者相逢。可是我们不用害怕，他们不会用那些深奥玄妙的"哲理"把我们吓跑，相反地，我们会渴望一次又一次地走近他们。因为每走近一次，我们就会被人类的求索精神和智慧震撼一次。我们最终会理解：所谓哲学，并不是某些人吃饱了撑的玩的把戏，而是人类对自己、对周围的世界永恒的叩问。

文化教育

中国人的圣经——《论语》

古有"半部论语治天下"之说。《论语》是孔子及其弟子的言行辑录，被称为中国人的《圣经》。这一本被中国人读了几千年的教科书，包含了中国古代的政治思想与治国之道，是我们了解中国古代社会的一把钥匙。由于《论语》和几千年的中国文化有着血肉联系，历代思想家对《论语》进行了无数的阐释和发挥，所以《论语》所包含的文化价值已大大超出了这本书原初的内涵。

直到近代新文化运动之前，约在两千多年的历史中，《论语》一直是中国人的国学必读之书。该书以语录体的形式，汇集了孔子关于政治、文化、历史、人生、哲学、宗教等问题的观点，对中华民族的心理素质及道德行为产生过重大影响，它的思想内容早已融入了我们民族的血液，沉潜在我们的生命中，熔铸成我们民族的个性。读《论语》，你会感到在你心中流过的是一条有着几千年历史的文化长河。

《论语》共分二十篇，却只有数千言。然而正是这数千言，囊括了孔子思想的精华，反映了孔子的天命观、道德观、政治观、教育观，处处体现了孔子通彻人生的大智慧，可谓

孔 子

是其言简而其意远。且《论语》中那些生动精辟的名言警句，长期以来已经成为成语，渗入我们的生活之中，广为人们所熟知，并对人们产生深远的影响。

《论语》包含了以下各个方面的内容。

内容一：治国之道。《论语·学而》中说："道千乘之国，敬事而信，节用而爱人，使民以时。"这就是说为政者应敬业而守信，爱护人民，在农闲时合理使用人力，不耽误农时。

《于丹〈论语〉心得》封面

内容二：文化教育。孔子在《论语》中提纲挈领地指出文化的重要作用："夷狄之有君，不如诸夏之亡也。"此语意为如果一个没有文化基础的民族所建立的国家，就算它曾一度兴盛，灭亡后也没有根基可供它再度崛起，反不如虽暂时无国而文化永存的民族，还有机会可东山再起。

内容三：学习态度和方法。孔子说："知之为知之，不知为不知，是知也。"此意为学习应脚踏实地，来不得半点虚假，否则就算瞒尽天下人也瞒不了自心。

内容四：个人修养。孔子道："不患无位，患所以立。不患莫己知，求可为知也。"这是指应多完善自己，如若不为人所知，就要多在自己身上找原因，而不要怨天尤人。

上述四点不过是《论语》之一斑，而通过这些内容我们可以看到孔子思想的闪光点，领略到孔子的大智慧。如果大家有兴趣仔细阅读一遍《论语》，就会发现其中有许多原则和观点都可谓至理，完全经得起时间的考验，从而感叹无怪乎赵普可凭"半部《论语》治天下"了。

逍遥天地的指南——《庄子》

庄子，名周，约生于公元前369年的宋国蒙地（今河南商丘顺河清凉寺），是战国中期道家学说的集大成者。庄子曾在蒙做过漆园小吏，但他家境贫穷甚至靠借贷度日。

庄子学识渊博，对当时各派学术都有研究，他尤其深入地探索了宇宙本源和万物产生的问题。他认为，世间万物皆出于"道"。"道"能生化万物，它无时无刻不在运动和变化，并有着自己的运动规律。"道"是一种看不见、摸不着，能自动产生并且永不会毁灭的东西。"道"不但无形，还"无为"。他还认为，天道自然，主张人也应该顺应自然，否则就会违逆万物的本性。

庄周梦蝶图

庄子的妻子死了的时候，惠施前去吊唁。他看到庄子坐在地上，边敲瓦盆边唱歌，就说："你的妻子跟你过了一辈子，为你生儿育女辛苦一生，现在她死了，你不哭就够可以了，还唱歌，这恐怕太过分了。"庄子说："不是这样，她刚死时我怎能不伤心呢？但后来我想到世上最初本没有生命，连形体也没有，只是经过变化才产生生命。人死了在天地间如同睡觉一般安稳，我还要为她哭，这是不懂天命的自然变化啊！"

庄子看破红尘，不愿为官。据说，楚成王听说庄子才学很高，就派使者带厚礼请他做国相。庄子却对使者说："你还是赶快走开，我宁愿像乌龟一样在泥塘里自寻快乐，也不愿受一国之主的约束。"

这些故事都反映了庄子的世界观，即视人的生死为自然规律，生不足乐，死不足悲；蔑视权贵，追求天人合一的理想境界。庄子生活的时代，各诸侯国为了兼并对方互相混战不休，战争的规模和激烈程度都超过以往的时代，因此庄子的超脱厌世思想也更趋极端。他甚至认为人兽杂处的时代是至德之世。

《逍遥游》、《齐物论》是庄子留给后人的哲学巨著和文学杰作，是珍贵的古代文献。

庄子用奇妙的寓言和生动的词语描述自己的思想。《逍遥游》中有一则寓言讲：北海有条大鱼，个子大得不知有几千里，它一变而成鸟，叫鹏，鹏的背不知有几千里长。鹏奋起飞翔，翅膀像从天上垂下来的云彩。鹏趁着海水震荡飞往南海，激起三千里海浪，掀起旋风，盘旋而上，飞到九万里高空。小雀们听说后嘲笑大鹏说："它何必飞那么远呢？我向上飞还不过几丈高就落下来，在蓬草香蒿中翱翔，已经是飞的顶点，还要飞哪里去呢？"小雀不理解大鹏而嘲笑它。庄子认为，不论是大鹏雄飞万里，还是小雀腾跃蓬蒿之间，只是大小差别，其实它们都要受到时空的限制。只有想不受时空局限而任意遨游的人才能进入"无所恃"的绝对自由境界——消遥游。

庄子塑造了一个最典型最美好的人物。他描述道：在藐姑山上住着一位女子，她的皮肤像冰雪一般洁白，风姿像处女一般秀美，不吃五谷，只吸风饮露，平日乘着云气，驾着飞龙，在四海之外遨游。她的精神凝聚专一，能使万物免受病害。她同万物融为一体，洪水涨到天一样高也淹不着她，大旱时山石都烤焦了，她也不感觉热。这就是庄子所追求的绝对自由境界。人们平时的是非之争、唇枪舌剑，在庄子看来都是劳心骨而无谓的。

庄子认为天地万物和人浑然一体，都是"道"派生出来的，本质是一样的，于是就有了《齐物论》中《庄周化蝶》的寓言：一次庄周做梦时，梦见自己变成了一只蝴蝶，翩翩起舞，感到很惬意，竟忘了自己是庄周。过了一会他醒了，感到惊疑不定，不知怎么又变成庄周了。于是，他弄不清自己到底是庄周做梦或是蝴蝶做梦了。这则寓言其实意在说明庄周也罢，蝴蝶也罢，外形虽变，其实质"道"没变。

庄子还说，天下没有比鸟兽新生的羽毛尖端再大的东西了，而泰山是最小的；没有比夭折的孩子更长寿的，而寿至八百岁的彭祖则是短命

鬼。这种说法恰与人们的常识相反。庄子认为，虽然事物千变万化给人以万物各异的感觉，如果能认识到事物本质都是"道"，万事万物就变齐同了。这就是他的齐物论。

纵观庄子学说，他的宇宙观、人生观都处于唯心主义的范畴内，但在认识论方面，庄子的思想闪耀着辩证的光辉。他的《庄子》一书中有许多篇章都反映出，关于事物运动无时无刻，关于事物的相对性和对立事物的互相转化，他都有一定认识。有一则《河伯与海若的故事》体现了这一点：说是黄河之神河伯，由于黄河水面非常宽阔而洋洋自得，认为自己所管的是天下最壮观的水域。可是当他来到北海，看到海水汪洋广大无比，不禁十分惭愧，并向北海之神海若讲了自己的认识和转变。海若赞许地说："人们的狂妄自大是受了环境和眼界的限制。北海是天下最大的水域，但我从不以此自傲，因为北海在天地之间不过像泰山上的一块小石头。人只是世间万物的一种，一切事物的大小都是相对的，既有无穷大，又有无穷小。"

庄子当时已经接触到宏观世界和微观世界的问题。他把道家哲学思想用妙趣横生的寓言来阐述，含义深刻且想象力惊人。比如他说过这样一则寓言：任公子钓大鱼，用巨大的渔具和50头牛的肉作钓饵，坐在会稽山顶，钓东海的鱼。钓了一年，钓起大

鱼后，任公子将鱼分给浙江以东至湖南嶷山的人吃肉，到最后人们都吃够了鱼的肉。这则寓言构思奇特，启示人们只有那些有远大理想、才识过人而又不急于求成的人，才可大有作为。

庄子才华横溢，行文汪洋恣肆，所用词汇如万斛珠泉随地涌出。他创造的众多词汇丰富了祖国的语言宝库，比如"鹏程万里"、"燕雀安知鸿鹄之志"等等，至今还常常为人们所用。

史家绝唱无韵离骚——《史记》

"史家之绝唱，无韵之《离骚》。"这句鲁迅的评点说的就是《史记》。号称上下五千年的文明古国，中国有多少辉煌湮没在历史的尘埃中？要了解中国，不能不读《史记》。

《史记》记载了中国三千多年的历史，上自黄帝，下至汉武帝。全书130篇，共52万多字，是一部"究天人之际，通古今之变，成一家之言"的历史巨著。

读《史记》，不能不读《报任安书》。这篇饱含感情的文章，说明了司马迁为完成《史记》的写作而忍辱蒙诟的痛苦。"古者富贵而名磨灭，不可胜记，唯倜傥非常之人称焉。盖文王拘而演《周易》；仲尼厄而作《春秋》；屈原放逐，乃赋《离骚》；左丘失明，厥有《国语》；孙子膑脚，《兵法》修列；不韦迁蜀，世传《吕览》；韩非囚秦，《说难》《孤愤》；《诗》三百篇，大底圣贤发愤之所为作也。"能以"立言"而名垂青史的，无不是因为有不幸的人生经历。司马迁之所以能写出《史记》，是因为他有一段惨痛的经历。他继承父志撰写史书，因为直谏而得罪了汉武帝，结果下"蚕室"受"腐刑"（阉割）。这是极大的耻辱，对身体的极大摧残！干脆一死了之得了，但他放心不下的，是《史记》还没有完成。"每念斯耻，汗未尝不发背沾衣"——带着被损害、被污辱的惨痛记忆，司马迁发愤写作，在《史记》中倾注了自己的不平和愤怒，表现了对历史和现实的强烈批判。

《史记》分为"本纪"、"表"、"书"、"世家"、"列传"五个部分。

司马迁

"本纪"记述帝王，"表"是用表格的形式呈现各种史实及其中的联系关联，"书"记载礼乐、天文、地理等方面的情况，"世家"记述诸侯、王，"列传"是记载官吏、历史名人和一部分下层社会的杰出人物。这五个不同体例的部分，相互补充，有机配合，构成了一部结构完整、鸿篇巨制的史书。因以"本纪"和"列传"为主体，它被称为纪传体史书。

我国历史上，《史记》是第一部纪传体通史，是对我国古代历史的伟大总结。《史记》的最大特点是以人物为中心来写历史。这与它以前的《春秋》、《国语》等史书以时间为经、以事件为纬来写历史不同。这种"纪传体"形式的开创，有划时代的意义，一直为后代史家所继承。我国史书，从《汉书》到《明史》，采用的都是纪传体。

《史记》不仅是一部历史著作，同时也是一部文学著作。因为是通过写人来反映历史，所以它成为我国传记文学的开山之作。说它是写人的传记文学作品，指的是"本纪"、"世家"、"列传"这三部分（共112篇）。其中的《项羽本纪》《陈涉世家》《淮阴侯列传》等篇皆为上乘之作。《史记》的写作，不是凭空产生，而是通过对以前的《左传》《国语》《世本》《楚汉春秋》等历史散文的学习和继承才写成的。在我国散文史上，《史记》处于一个非常重要的地位——承上启下。它上承先秦，下启后世，对我国后代文学有深远而巨大的影响。唐宋以来的古文家无不熟读《史记》。号称"文起八代之衰"的韩愈十分推崇司马迁，视《史记》为散文写作的典范，他的"不平则鸣"与《史记》的批判精神是一致的，他的《张中丞传后序》《毛颖传》等散文，很明显地打上了学习《史记》人物传记写法的烙印。宋代欧阳修的散文，深得《史记》的神韵，他的《五代史伶官传序》的格调，与《史记·伯夷列传》十分相似。唐代传奇、清代《聊斋志异》等小说皆直接或间接地受到《史记》的影响。后代古文家要反对不良的形式主义文风时，《史记》常常成为他们的一面旗帜——从唐代韩、柳的古文运动到明代前后"七子"的复古运动，都是这样。

《史记》的人物传记作品，其特点是脉络清楚、情节跌宕有致，善于通过人物的语言描写和行动描写来刻画人物的典型形象。写人物，司马迁"不虚美，不隐恶"，本着"实录"精神秉笔直书，给我们留下了诸如项羽、刘邦、秦始皇、韩信、李广等许多栩栩如生的人物形象。读《史记》，如同是在阅读一部内容精彩纷呈的小说，在生动的情节、引人入胜的故事中，可以与众多的历史人物相会，从而在轻松愉快的精神享受中获得丰富的历史知识。

《史记》

《史记》凝聚了中国的政治智慧，既有宫廷争斗的阴谋诡计，又有惊心动魄的战争场面的描写，能紧紧地攫住读者的心灵，不会让人感到累、烦和枯燥。《史记》的语言通俗易懂，非常优美。要培养对文言文的语感，要进入文言文的话语系统，要获得阅读文言散文的能力，《史记》是最佳切入点，是中国所有文言散文作品中最好的读本。要过"文言文"关的年轻读者，不能不读《史记》。

《史记》是中国散文发展史上的一座高峰。两千多年来一直被视为散文写作的典范。它是一部蘸着血泪写成的书，倾注了司马迁的爱与恨，倾注了司马迁的全部生命。

一个父亲的谆谆教诲——《傅雷家书》

有人如此分析《傅雷家书》在20世纪80年代"叫好又叫座"的根源——80年代初期有关西方文化的书籍极少，傅雷在家书里如数家珍地细细说来，并且将其与中国文化进行比较的做法，令人大开眼界，可以说《傅雷家书》是新时期以来最早出现的西方文化启蒙读物。像许多中国父亲一样，傅雷严厉甚至有些古怪、顽固，但这更显真实，有一种人性的朴实。

1981年8月，《傅雷家书》在三联书店出版。傅敏说，在第一版里主要选了99封家信，其中有一封是母亲朱梅馥的信。其中还包括两个音乐资料，是父亲译的莫扎特音乐笔记。《傅雷家书》初版本发行了13 000本，一年后即加印40 000册。《傅雷家书》出版后，又陆续发现和搜集到若干信件。于是，从1983年下半年起，开始了增补本的编辑工作。与初版本相比，增补本增加了68封家书，增补文字76 000字。增补本于1984年发行，起印数即达25万册，一年后，《傅雷家书》的累计印数已达60万册，成为我国当时非政治类通俗读物中最畅销的图书，获得"全国首届优秀青年读物"一等奖，列为共青团中央向全国青年推荐的读物之一，1999年，荣获中国书刊发行协会"全国优秀畅销书奖"。进入21世纪后，《傅雷家书》又有了辽宁教育出版社的新的增补本，内容更为充实。

读《傅雷家书》你能了解到什

傅雷夫妇

么是细致入微、无微不至、严谨认真，这得益于书信这种表达、交流或写作方式。只有通过这样的方式，才能有如此涉及广泛、自然舒畅的作品诞生。他不仅谈艺术学习，还谈生活、恋爱，谈做人，谈修养，甚至于儿子写错字，父亲也会"郑重其事"地指出并耐心分析、纠正。也正是这种方式而不是其他方式，使得我们可以直接地清楚地感受到，著名文艺评论家、文学翻译家傅雷先生做人、做学问的细致、严谨、认真的态度和作风。

如果说《傅雷家书》是一部"最好的艺术学徒修养读物"或者经典的"教子篇"，那么，最具这种意义的应当是这种态度和作风，但绝不仅限于此。还有，傅雷先生由于自己的学识、思想，他能将任何大事小事阐发出深刻但绝不艰涩的道理，从而给人以启发。当然，它不仅仅是"最好的艺术学徒修养读物"或者"教子篇"，对于一个非艺术学徒的读者，

这些家书仍不失其伟大。书中处处闪耀着智慧的光芒，时时给人深刻的开导。其中贯穿始终的一点，就是关于做人、修养以及学问的关系实为一体的思想。在其他信中，这种思想都有出现。比如关于去博物馆、去森林等建议，便是希望通过这些方式提高一般修养，而不是一味练琴、搞音乐。给人的启发则是，读书只是修养途径之一，另外还应有其他。即使读书，也不应仅限某某学科。一般修养的建立和提高即要求文学艺术、科学、哲学、社会学、经济学、历史诸领域都需涉及。

因为，人生或生活绝不像大学学科分类那么规范整齐。各领域都只是我们所生活的世界的一个侧面，要理解我们生活的世界以及我们自己，广泛阅读是有好处的。除此之外，其他比如"正确看待感情和理智的关系，应当以理智控制感情"，"常以星际或宇宙的视野看待人生的一切事物，因而明白人的局限性"，等等。皆为真知灼见，无不闪耀着理性的灵光！

傅雷夫妇是中国父母的典范。他们苦心孤诣、呕心沥血地培养的两个孩子：傅聪——著名钢琴大师、傅敏——英语特级教师，是他们先做人、后成"家"，独立思考，因材施教等教育思想的成功体现，辑印在这本小书里的，不是普通的家书。傅雷在给傅聪的信里这样说："长篇累牍地给你写信，不是空唠叨，不是莫名

其妙的 gossip，而是有好几种作用的。第一，我的确把你当作一个讨论艺术，讨论音乐的对手；第二，极想激出你一些青年人的感想，让我做父亲的得些新鲜养料，同时也可以间接传布给别的青年；第三，借通信训练你的——不但是文笔，而尤其是你的思想；第四，我想时时刻刻，随处给你做个警钟，做面'忠实的镜子'，不论在做人方面，在生活细节方面，在艺术修养方面，在演奏姿态方面。"贯穿全部家书的情意，是要儿子知道国家的荣辱，艺术的尊严，能够用严肃的态度对待一切，做一个"德艺俱备、人格卓越的艺术家"。家书中父母的谆谆教诲，孩子与父母的真诚交流，亲情溢于字里行间，给天下父母子女强烈的感染与教益。

美学入门书——《谈美书简》

朱光潜（1897—1986），安徽桐城人。我国著名美学家。1925 年起先后赴英、法等国学习，获博士学位。1933 年回国，任北京大学西语系教授、中华全国美学学会名誉会长，毕生从事美学教学与研究工作。重要著作有《文艺心理学》《西方美学史》《悲剧心理学》等。

《谈美书简》是朱老在 82 岁高龄时写就的"暮年心血"之作，它既是对自己漫长美学生涯和美学思想的一次回顾和整理，也是"给来信未复的朋友们"，尤其是给青年朋友们的一次回复。《谈美书简》不是一般的高堂讲章，它采用书信体的形式，娓娓道来，亲切自然，将许多深奥的美学知识通俗化。书中，朱光潜先生就青年朋友们普遍关心的美和美感、美的规律、美的范畴等一系列美学问题进行了深入的探讨，同时也对文学的审美特征、文学的创作规律及特点作了详尽的阐释，既是思想上的，又是方法上的，是初涉美学者学习美学知识的重要参考书籍。

《谈美书简》是一部系统的美学著作，书中的 13 封信对怎样学习美学、马列主义美学体系以及美感、典型、形象思维、创作方法等等美学范畴，作了生动而详细的阐释。比如，第一封《代前言：怎样学习美学》中，朱光潜首先谈了写作《谈美书简》的动意，在回答"怎样学习美学"这一问题时，说他感触最深的是治学的学风。针对美学是个旁涉很多领域的边缘学科以及国内"资料太少"这一特殊性，朱光潜指出："研究美学的人如果不学一点文学、艺术、心理学、历史和哲学，那会是一个更大的欠缺，而且会成为'空头美学家'。"又如第十封《浪漫主义和现实主义》中，朱光潜反对将"浪漫主义"或"现实主义"这样的本来是特定历史阶段的称呼硬套到其他时代与民族的文艺创作上去，而主张从"浪漫主义的"或"现实主义的"这样的创作方法的角度，对各时代和民族的文艺作出分析。与此同时，朱光潜先生认为不能把浪漫主义与现实主义的区分绝对化。"浪漫主义侧重从主观内心世界出发，情感和幻想较占优势"；"现实主义从客观现实出发，抓住其中本质特征，加以典型化。"这两种创作方法虽然是客观存在，却不宜过分渲染，像旗帜那样鲜明对立，要"从主客观统一的观点来看待这个问题。""在伟大的艺术家们身上，现实主义和浪漫主义时常好像是结合在一起的。"

在《谈美书简》中，朱先生以亲身的经验，谈到了许多治学为人的道理。对于怎样开展学术工作，他教导说："我们干的是科学工作，是一项必须实事求是，不得玩弄一点虚假

《谈美书简》封面

的艰苦工作，既要有清醒的头脑和坚定的恒心，也要有排除一切阻碍和干扰的勇气……是敷敷衍衍、蝇营狗苟地混过一生呢？还是下定决心，做一点有益于人类文化的工作呢？立志要研究任何一门科学的人首先都要端正人生态度，认清方向，要'做老实人，说老实话，办老实事'。"

思想的珍珠——《人与永恒》

有这样一位智者，他不寄希望于概念的积木，也不寄希望于建造体系的巍峨宫殿，而是将人生问题上的一切真知灼见直接发自内心，又诉诸读者真情实感，其文字的魅力能让读过的人沉迷不已，继而引发深深的思考。他的名字叫周国平，他的每一部著作都能在学术之外引起极大的反响。

一本好书是那种可以读许多遍的书。《人与永恒》便是这样的好书。《人与永恒》是周国平的一本随感录。其开篇为《人》，末篇为《时间与永恒》，故引以为书名。作者出版过多部著作，他本人对此书也比较偏爱。他在一版《序》中说："有两样东西我写时是绝对没有考虑发表的，即使永无发表的可能也是一定要写的，这就是诗和随感。前者是我的思想日记，后者是我的感情日记。如果要我去流浪，只许带走最少的东西，我就带这两样。"周国平如此钟爱随

周国平

仍然长销不衰，在广大青年学生和知识分子中间，产生了持久和深入的影响。这本书贯穿着对人生重大问题的严肃思考和对现代人精神生活的密切关注，而更有价值的是其中向人们宣讲着许许多多为人处世的真谛。传说一些大学的校园中有这样的说法：男生争读王小波，女生爱读周国平。其实，周国平的书并不是专写给女性看的，而是写给那些热爱生活、寻求人生真谛、向往精神境界的读者看的。读周国平，像读中国古代哲人的书一样，让人沉静，让人恬淡，让人澄澈。

与众多同时代的哲人不同，周国平集哲学与文学于一身，融理性与感性为一体。他的作品在形式上摆脱了学术的艰涩，虽然质朴无奇，却异常地贴心、动人。他常常说，哲学是人类精神生活最核心的领域，而在精神生活最深处，原本就无所谓哲学与文学之分。

在《人与永恒》中，周国平用别致的文学方式谈哲学，他的表达的感悟仍是围绕着古老的哲学问题，但正是这些问题由于被现代商业化社会遗忘而变得日益尖锐，成为现代人精神生活的普遍困惑。"老调"一经周国平"重弹"，这些问题便迅速获得了极为广泛的共鸣。

现代世界是商品世界，我们不能脱离这个世界求个人的生存和发展，我们同时还生活在历史与宇宙之中，生活在自己唯一的一次生命过程中。

感文字也确使许多读者产生心灵的共鸣。凡能使人产生共鸣的作品，必出自作者心灵的真实。矫饰的思想是骗人的，但它逃不掉读者的眼睛。

随感录的可贵在于真实，在于字字珠玑而又凝练传神，就这个意义而言，周国平的随感少却了浓重的雕琢气，少却了老于世故的圆滑，处处呈现出单纯而练达、质朴而传神的精巧之美。作者把自己十年来写的一些生活随笔都拿出来和大家分享，文章关于爱情、生活、孤独、诗、生死等人生常遇到的问题。虽然作者是一位哲学博人，但是书中并没有艰深的哲学术语，相反都是浅白的词语，用生花之笔精雕细刻地写下了对人生的理解和困惑，也许其中就有你所想的！

《人与永恒》在 1987 年出版以后，一印再印，后来又出了第二版，

文化教育

所以对自己的行为，不能只用交换价值来衡量，而应有更开阔、久远的参照系。在投入社会潮流同时，我们要有所坚守，坚守那些永恒的人生价值。但是人生本身就是一种矛盾，周国平写道："有人说人生到处是陷阱，从一个陷阱跳出来，又掉入另一个陷阱里。可是，尽管如此，你还是想跳，哪怕明知道另一个更深的陷阱在等着你。最不能忍受的是呆在同一个陷阱里，也许，自由就寓于跳的过程中。"

人生的真谛往往被周国平一语道出，使我们若有所思，思有所得。周国平认为新思想无非是看事物的一个新角度，仅仅是一个角度，"有时思想孕育于沉默，而靠淡泊催产。有时思想孕育于淡泊，而靠沉默催产"。当然必须警惕的是："谎言重复十遍就成了真理，真理重复十遍就成了谎言。"

关于生命的意义，周国平说："处于人生的矛盾之中，你又应该如何去寻求生命的意义呢？意义永远是不确定的，所以意义本身并不重要，正如西西弗斯的神话，把巨石推上山顶的终极目标并不重要，所贵者在寻求的过程之中，过程比结果更美丽。"

不过每个人都渴望结果，渴望完美，但又终不可得，这种痛苦又如何解除呢？周国平答到："这种痛苦本身就包含在完美之中，把它解除了反而不完美了。"

关于男人与女人的关系问题，周国平一语道破天机："两性之间，只隔着一张纸。这张纸是透明的，在纸的两边，彼此高深莫测。但是，这张纸又是一捅就破，一旦捅破，彼此之间就再也没有秘密了。""痛快的剖白揭示着两性之间的秘密，而实际上关于男人与女人最恰切的论述却是这么一句名言：'男人通过征服世界而征服女人，女人通过征服男人而征服世界。'男人与女人的纠缠归根结底是征服的问题。"

另外，"死"作为哲学主题，与"生"相对应，生与死的意味无穷无尽，"死"这个任何人都要面对的事实，在周国平眼中："人人都知道死是必然的，它是一个我们一出生就通报要来访的客人，现正日夜兼程，一步步靠近我们。可是，当它敲响我们的门时，我们却感到突然，怪它是最唐突的不速之客。""我们拥有的唯一时间是现在。拥有了现在，我们也就拥有了过去和未来。"

在《人与永恒》中，无论生和死、时间与永恒、幸福与痛苦，还是幽默、信仰、艺术，诸如此类的问题，一经他的"点拨"，马上变成一串串鲜活的思想火花，照亮我们的心灵空间。

揭示文艺的真谛——《歌德谈话录》

《歌德谈话录》共分三部分，出版于 19 世纪三四十年代。当时是德国历史上的革命年代，由于歌德对革命采取怀疑和疏远的态度，他就成了民主激进派攻击的对象。在这种情况下，这本记述歌德谈话的书就理所当然地受到评论界和广大读者的冷遇。1848 年革命失败以后，德国的政治形势起了变化，歌德越来越受公众重视。特别是 1871 年德国统一以后，歌德更成为"奥林匹斯神"。记载这个"圣人"谈话的书也就成了"圣书"。学术界更是将这本书看做研究歌德的必读书目。

歌 德

《歌德谈话录》是歌德的助手爱克曼辑录的关于歌德的言论和活动的集子，突出地显现出了歌德关于文艺、美学、哲学、自然科学等等方面的思想，"谈话"的形式能够灵活、多方面地体现了歌德的思想，不受时空体式的限制，没有逻辑思维的束缚，是作者精神面貌的直接呈现，也是我们来阅读歌德、理解歌德的最贴近的一扇窗户。

人民文学出版社出版的《歌德谈话录》只是原著的一个选本，正如译者朱光潜先生所言，对于涉及哲学、美学、文艺创作实践和文艺理论乃至当时欧洲一般文化动态的选择较为多。这应该是减轻了不作专门研究的读者的负担，而且更加有利于集中学习和理解其文艺和美学思想——我们认识歌德，他首先是一个大文豪，他的文艺观自然重要。

歌德的名字在今天的中国，如同在世界其他文明国家一样，是家喻户晓的。凡是爱好文学的或有一定文化知识的中国人，都敬仰、赞美歌德，都知道歌德不仅是一位可与荷马、但丁、莎士比亚相提并论的大文豪、大诗人，也是一位可与文艺复兴时期的伟大人物如达·芬奇相媲美的文化巨人，他思想敏锐、学识渊博、多才多艺，不仅搞过评论、编过刊物，当过画家和剧院经理，而且还是政治家、教育家和自然哲学家。他留下的那一份丰富的文学和思想遗产，直到今天，仍在影响着全人类和整个世界。

两个多世纪来，世界各国曾有无数的作家、评论家和学者孜孜不倦地研究歌德、介绍歌德、颂扬歌德，他们写下的有关歌德的评论、传记或其他著作多得简直可以说是汗牛充栋、不可胜数。无疑，他们为后人继承歌德那一份宝贵的文学和思想遗产作出了十分重要的贡献，可是，他们中间却很少有人因此而载入史册或让后人记住名字。然而，有一位德国人却是幸运的，那就是约翰·彼得·爱克曼，他出身低微，个人在文学上也无多大建树，可他的名字却永远和歌德连在一起，因为他写下了一部被尼采评为"德国最佳作品"的著作——《歌德谈话录》。

爱克曼是1823年6月应歌德邀请去魏玛后与其相识的，此后便在那里长住了下来，直到歌德1832年3月去世。他十分崇拜歌德，歌德也颇信任、看重他。《歌德谈话录》是他在魏玛给歌德当了九年多的义务助手、直至歌德去世后整理出版的一部著作。这部著作以优美轻灵的文字记录了他这九年间在歌德身边的所见所闻，尤其是歌德晚年有关文艺、美学、哲学、自然科学、政治、宗教以及一般文化的言论和活动，其中大部分内容还经过歌德过目和肯定，只是因歌德生前没同意所以才在歌德去世后出版。先是于1836年出版此书的第一卷和第二卷，之后又根据自己和歌德好友瑞士人梭瑞的笔记于1848年出版第三卷作为补编。此书不单是歌德的谈话记录，而且提供了大量关于歌德生平和思想的宝贵资料。爱克曼在关于此书第一卷和第二卷的作者序中写道："这些谈话不仅就生活、艺术和科学作了大量阐明，而且这种

根据实际生活的直接描写，特别有助于使人们从阅读歌德的许多作品中所形成的歌德其人的形象更为完备。"

《歌德谈话录》首先值得注意的是其所体现出来的几个关于美学和文艺理论的重要概念，比如浪漫的与古典的，艺术与自然，世界文学等等。这些几乎都是歌德在他生命的最后阶段，在总结了他几十年创作经验和对古典文艺作品进行深入思考的基础上提出来的，闪耀着智慧的光辉。

《歌德谈话录》涉及的内容是非常丰富的，比如他的宗教观点和政治观点；谈关于艺术鉴赏和自己的创作经验，这里值得注意的是谈话录所示的时间，差不多与《浮士德》第二部的创作是重合的，研究谈话录还有助于我们更好地理解《浮士德》；还有对拜伦、雨果、莎士比亚等作家和《红与黑》、《参孙》、《唐璜》等具体作品的评价。除此之外，还有丰富的歌德关于自然科学，关于哲学等等方面的言论，可以说在歌德生命最后阶段的重要思想，都有涉及，而且还是比较全面的。对于我们青少年读者来说，重返经典，理解文学艺术的真谛，那就从《歌德谈话录》开始吧！

成长的指南——《爱的教育》

《爱的教育》是由意大利作者埃·德亚米契斯于1886年写的一部

儿童小说。作品中融入了种种人世间最伟大的爱：老师之爱、学生之爱、父母之爱、儿女之爱、同学之爱……每一种爱都不是惊天动地的，但却感人肺腑。

《爱的教育》封面

《爱的教育》，是埃·德亚米契斯根据儿子的日记改编的。这是一本日记体的小说，以一个四年级男孩安利柯的眼光，讲述了从四年级10月份开学的第一天到第二年7月份在校内外的所见、所闻和所感，其间还包括父母为他写的许多劝诫性的、具有启发意义的文章，以及老师在课堂上宣读的一个个感人肺腑的每月故事。通过塑造一个个看似渺小、实则不凡的人物形象，在读者心中荡起一阵阵情感的波澜，使爱的美德永驻读者心

中。整部小说以一个小学生的眼光审视着身边的美与丑、善与恶，完全在用爱去感受生活中的点点滴滴。

全书内容新颖，情节感人至深。凡是读过这部书的人，都将无法抗拒它的魅力，是无可争议的"爱"的典范。它激荡的情节无不使人流下动情的泪水。

此书充满了儿童情趣的幽默语言和19世纪意大利引人入胜的习俗风尚。以孩子的口吻、孩子的笔触、孩子的眼光来写孩子的生活和思想，更贴近孩子的内心世界，也更能被孩子们接受，是为人父母，为人师长，为人子女者一生必读的教育经典，学习范本。

全书共100篇文章，包括发生在安利柯身边各式各样感人的小故事，父母姐姐在他日记本上写的劝诫启发性的文章，以及9则老师在课堂上宣读的精彩的每月例话。

自1886年该书诞生到1904年的短短20年里，就印刷了300多版。100多年来，始终畅销不衰，目前已有100多种文字的译本，并且多次被改编成动画片、电影、连环画影响遍布全世界，成为一部最富爱心及教育性的读物，是世界公认的文学名著。

不仅如此，本书实际上还涉及9～13岁的孩子日常生活的方方面面。从而，可以使孩子了解到如何为人处事，如何成为一个有勇气、充满活力、正直的人，一个敢于承担责任

文化教育

和义务的人——不仅是对家庭，还包括对社会的责任和义务。

相信通过阅读此书，孩子会受到人类全部美好品德的潜移默化的熏陶和影响！

夏丏尊先生在翻译《爱的教育》时说过这样一段话："教育之没有情感，没有爱，如同池塘没有水一样。没有水，就不成其池塘，没有爱就没有教育。"由此可见，《爱的教育》不仅能教育孩子，而且能教育那些正在教育别人的人。